kremayr
scheriau

THOMAS MULITZER

POP IST TOT

ROMAN

Lesegenuss garantiert!

sponsored by

KREMAYR & SCHERIAU

> »Please tell me why we couldn't stay
> Don't let this feeling ever go away
> Let this memory forever be inside of me
> Through every hour of every day.«
> *Against Me!*

> »Wer unsere Gesichter sah,
> Hätte meinen können, wir überquerten
> Die Grenze der Vernunft.«
> *Roberto Bolaño*

> »Leben ist nichts, wenn es nicht Rebellion ist.«
> *Jörg Fauser*

GEFÜHL IST ALLES

Wir waren Helden.
Ruhestörer.
Krawallmacher, Schreihälse, lärmende Heiden.
Würgeengel der Besinnlichkeit.

Nie gab es einen schöneren Klang auf der Welt als den krachenden Akkord einer E-Gitarre, der aus einem übersteuerten Röhrenverstärker dröhnt, das Flirren der Obertöne und die unsichtbaren Schwingungen, die dir in den Bauch fahren wie die Druckwelle einer Explosion. Dazu der treibende Beat des Schlagzeugs und ein wummernder Bass. Dazu eine Stimme, geölt mit Cola-Rot und Zigaretten, kurz vor dem Wegbrechen. Dazu dutzende nassgeschwitzte Körper, die grölen, klatschen und ekstatisch vor der Bühne wuseln wie ein Ameisenvolk auf Speed. Das ist ein Klang, den du nicht nur hörst, sondern vor allem spürst, in der Magengrube, in den Beinen, im Hypothalamus. Ein Klang, den du nie vergessen wirst. Den du noch Jahre später heraufbeschwörst, in der Hoffnung, ein Gefühl wiederzubeleben, von dem du nicht sicher bist, ob es nicht längst unwiederbringlich tot und vergessen ist. Damals war es einfach: rein in den Van und raus auf die Straße, das Klinkenkabel in den Amp stecken und aufdrehen, bis die Gläser klirren.

Damals. Verschwommene Nächte voller Glück und Tinnitus. Wir neigen dazu, die Vergangenheit zu verklären und auf ein Podest zu stellen, aber wenn man weiß, dass es an der Gegenwart nichts Leuchtendes gibt, nichts, das man schönreden oder retrospektiv idealisieren könnte, dann ist man um jedes Highlight froh, das golden aus der dunklen Masse der Erinnerungen sticht.

Ja, wir waren Helden.
Unruhestifter, Widersacher der Stille.

Unser Sound zerriss das Schweigen und Geplapper einer weiteren Yuppiegeneration, die zu gesättigt und zufrieden war, um aufzubegehren. Für die Musik nichts weiter war als das Begleitgedudel ihrer Karriere. Unsere Songs waren nicht in den Charts, wir spielten nicht in großen Hallen, unsere Gesichter grinsten nicht von den Covers der Musikmagazine, die in jener Zeit noch bedeutend waren, und für die Majorlabels und die Masse waren wir praktisch nicht existent. Aber im Underground, knapp unter der Wahrnehmungsgrenze des Mainstreams, dort trieben wir uns herum. In den kleinen Clubs verewigten wir uns mit unserem Schweiß, Blut und verzerrten Akkorden, deren Echos heute noch zwischen den Wänden hin und her irren, immer leiser werdend, aber nie verstummend. Und von Zeit zu Zeit, wenn es mich nach Monaten der Abstinenz auf ein Konzert verschlägt, finde ich einen verblassten Sticker an der Klotür, und für einen Moment wähne ich mich jung und motiviert und kurz davor, in den Nebeldunst der Bühne zu steigen. Wenn dann die neueste hippe Nachwuchsband mit Synthsounds ihren Gig beginnt, lande ich ernüchtert in der Gegenwart.

Wir waren Nomaden.

Ruhelose.

Stundenweise Gäste, nie gekommen, um zu bleiben, sondern immer auf der Durchreise, auf Zickzackkurs von einem Kaff zum nächsten.

Natürlich, die Nächte im Van waren kalt, die Duschen im Backstagebereich schimmlig, das Catering beschissen und die Gagen durchwachsen. Aber hätten wir die Möglichkeit gehabt, vor all den Jahren, dann wären wir für immer im Refrain eines Songs geblieben, hätten uns für alle Ewigkeit eingenistet in der Zeitkapsel eines beliebigen stickigen Raums voller Betrunkener, zwischen der zweiten Strophe und der Bridge.

Der Weg nach oben ist hart. Noch härter ist es, wenn man keinerlei Ambitionen besitzt, irgendwohin zu gelangen außer in die bebühnten Beisln dieses Landes. Wenn man sein Ding durchzieht, ohne sich um Trends zu scheren. Oben war besetzt: von den Castingshowopfern, den Grunge- und Poprockdeppen, den Blendern und ständig wechselnden One-Hit-Wunderkindern. Die Nische zwischen Ruhm und Bedeutungslosigkeit war unser Terrain. Auf allen Seiten wurden wir von aufstrebenden Träumern überholt, die schließlich doch unterwegs am Wegrand liegenblieben. Die Musikindustrie ist das Schlachthaus unter den künstlerischen Ponyhöfen. Wir machten das Beste draus und konzentrierten uns auf die guten Seiten: Fahrtwind, Freibier und Balsam für das Ego, wenn sich Wildfremde den Bauch mit Edding signieren lassen. Aber das Schönste war der Lärm. Wir schrien die Texte ins Mikro, bis wir Blut spuckten, weil mal wieder jemand über die Monitorbox gestolpert und gegen den Mikroständer gefallen war. Meine Halsschlagader war gefährlich angeschwollen und meine Finger verkrampften, wenn wir endlich die letzte Zugabe spielten. Nach einem synchronen Luftsprung lehnten wir die Gitarren an die Boxen, damit es ordentlich brummte und quietschte. Das Störgeräusch sollte sich in jeden Gehörgang fressen, jeden anderen Sound vollkommen auslöschen, und natürlich mussten auch die Nachbarn mitbekommen, dass wir in der Stadt waren. Wenn ich die Augen schließe, höre ich die Rückkopplungen noch heute. Ein nie enden wollender Schlussakkord, der sich zur unerträglichen Marter auswächst. Seitdem verklingen die Echos unserer Heldentaten.

Hallen nach und verschwinden mit dem Wind.

Sterben ab an den Wänden längst geschlossener Clubs.

PHANTOMGERÄUSCHE

Ihre Stimme verdrängt den Piepton in meinem Ohr. Sie grätscht förmlich in den Abgrund zwischen zwei Songs.

»Denkst du an die Präsi für das Chemistry-Meeting am Freitag?«

Doris hält den Kopf schief und wartet, bis ich den Kopfhörer abgenommen habe. Bürogeräusche und irgendwo ein Radio. Dann wiederholt sie die Frage, obwohl ich sie schon beim ersten Mal verstanden habe.

Ich nicke und schließe instinktiv das Browserfenster, auf dem sich gerade noch halbnackte Körper rhythmisch zu einem Beat bewegt haben.

»Das muss *killer* werden, ich zähl auf dich.«

Ihre übergroße Brille ist ein Fashion-Statement, das ich nicht verstehe.

»Klar, Doris.«

Jetzt muss ich das Video noch mal suchen, dabei habe ich mittlerweile vergessen, wie der Rapper heißt. Um musiktechnisch auf dem neuesten Stand zu bleiben, komme ich nicht umhin, die aktuellen Meisterwerke dieser Halbwüchsigen mit Face-Tattoos zu begutachten, nur um jedes Mal festzustellen, dass ich mit meinem Musikgeschmack im Punkrockkosmos am Ende des letzten Jahrtausends hängengeblieben bin. Mir ist das alles fremd, die verzerrten Stimmen und diese geradezu schmerzhafte Inhaltslosigkeit lassen mich ratlos und latent aggressiv zurück. Früher habe ich mich über die Leute lustig gemacht, die nie aus ihrer *Led-Zeppelin-* oder *Grateful-Dead-*Phase herausgefunden haben. Das waren ergraute Männer in ausgewaschenen Bandshirts mit den Tourdaten vergangener Jahrzehnte am Rücken, die immer noch lange Haare hatten, obwohl die Geheimratsecken und die Tonsur lauthals eine Kahlrasur forderten. Steht mir dasselbe Schicksal bevor? Wenigstens hatte ich nie einen Iro.

Doris kreuzt schon wieder auf.
»Bezüglich CI bist du up to date?«
Abermals nicke ich. Ich kenne das Unternehmen, das Geschäftsfeld, die Mitbewerber und Zielgruppen, und gleichzeitig frage ich mich, ob der Slogan meiner Jugend – »No Future« – eine sich selbst erfüllende Prophezeiung war.

Ich setze den Kopfhörer wieder auf. Das ist mein Schutz davor, im Büro angesprochen zu werden. Bis auf Doris, meine Vorgesetzte, halten sich auch alle dran. Außerdem dient die ständige Beschallung dazu, den Tinnitus in Schach zu halten, der sich auf diese Weise vom Störgeräusch zum Begleitton wandelt, vom Leitmotiv zur unbedeutenden Frequenz neben anderen. Mir reichen die täglichen Projektmeetings und Telefonkonferenzen, dazwischen will ich meine Ruhe haben. Ruhe für den alleinigen Zweck, mir ungestört Lärm in die Gehörgänge zu blasen. Mit ihren knapp 1 Meter 80 macht Doris mächtig Eindruck. Wenn sie auch noch T-Shirts mit Valerie-Solanas-Zitaten trägt, ist sie geradezu zum Fürchten. Besonders für mich, den einzigen Mann in der Abteilung.

Schon als ich das Großraumbüro in der ehemaligen Ziegelfabrik zum ersten Mal betrat, schoss mir die ideale Bezeichnung für meinen zukünftigen Arbeitsplatz in den Kopf: Hipsterhölle. Das Gebäude gilt als perfektes Beispiel für gelungene Revitalisierung: Wo früher Arbeiter vor Hochöfen schwitzten, tummeln sich jetzt Full-Service-PR-Agenturen, IT-Start-ups, Co-Working-

Spaces, Bio-Coffeeshops, Gewerbelofts und Ateliers. Backsteinwände und Sichtbeton schaffen ein zeitloses Ambiente für offene Kommunikation, Genuss und eine ausgewogene Work-Life-Balance. So steht es zumindest auf der Website. Im Großraumbüro gibt es mehrere Schreibtischinseln, auf denen Fixangestellte und freie Mitarbeiterinnen projektbezogen arbeiten, und eine futuristische Chill-Area, in die man sich zum Ideenfinden zurückziehen kann. Das Team besteht aus altgedienten Lesben, blutjungen Bloggerinnen mit Turnbeuteln und Birkenstocksandalen und einer Handvoll Praktikantinnen. Ich erfülle eine Quote, bin ein Zeichen des guten Willens und ein Zugeständnis daran, dass auch Männer dazu fähig sind, ein wenig Content zu managen, oder wie Doris sagen würde: »Den neuen Schreibtisch bau ich selbst zusammen, aber bring du mir einen Cappuccino.« Das stand damals in der Ausschreibung: Content Manager (w/d/m). Jetzt sitze ich zwischen Feministinnen, die Social-Media-Kampagnen planen und ihre benutzten Tampons in einem Müllsack sammeln, den sie abwechselnd in den Postkasten einer Burschenschaft und den Opferstock einer benachbarten Kirche entleeren. Ich fühle mich den Umständen entsprechend wohl.

Nebenan trifft sich ein Projektteam:
»Besprechen wir die Kampagne zum Marken-Relaunch: Unser Ziel ist es, möglichst viel Aufmerksamkeit zu generieren und im Idealfall eine neue Weiblichkeitsdebatte anzustoßen. Stichwörter: sich gängigen Schönheitsidealen widersetzen, Normen hinterfragen, Grenzen auflösen, neue Trends setzen. Lasst uns brainstormen.«
»Die Form des Lippenstifts ähnelt einer Patronenhülse. Frauen, die unseren Lippenstift benutzen, sind

also Scharfschützen. Scharfschützinnen. Rote Lippen sind scharf in dem Sinn, dass sie geladen sind und eine zerstörerische Wirkung haben.«

»Das gab's doch vor Jahren schon mal, oder?«

»Aber nicht so durchdacht. Stellt euch dazu Slogans vor wie: *Die Bombe scharfmachen, Achtung, hier wird scharf geschossen* oder *Scharf, schärfer, Lippenstift* usw.«

»Das ist doch banal und sexistisch, damit begeben wir uns auf ein Niveau, das weit unter unserer Würde liegt.«

»Ich dachte, beim Brainstormen wird nicht geurteilt.«

»Na, dann urteile nicht über meinen Einwand.«

Eine motivierte Praktikantin meldet sich zu Wort:

»Und wenn wir den Fokus auf die Lippen als Artikulationsorgan legen? Wir machen die Lippen scharf, damit wir was zu sagen haben? Damit wir uns perfekt gestylt gegen das Patriarchat auflehnen können. *Glamorous Revolution.*«

»Gibt's sonst noch Ideen?«

Sie probiert es ein zweites Mal.

»Lippen chippen? Dank hochmoderner Wirkstoffe passt sich die Farbe des Lippenstifts intelligent an den pH-Wert der Lippenhaut an. Die Eigenfarbe der Lippen wird verstärkt, das ist wie ein kosmetisches Chiptuning. Und nennen tun wir das Ganze: iLips.«

Betretenes Schweigen.

Jetzt ist Claudia am Zug, Doris' rechte Hand.

»Ich hab's: Der Lippenstift als klassisches Phallussymbol. Verrucht seit seiner Erfindung.«

»Ja eh.«

»Rot ist nicht nur die Farbe der Liebe, sondern auch die Farbe der Gewalt und des Blutvergießens. Die erotische Komponente der weiblichen Lippen wird zur brutalen, erbarmungslosen umgedeutet.«

»Wie stellst du dir das vor?«

»Die Frau von heute will mit Make-up nicht ihre Attraktivität für den Mann betonen, sondern die Gefahr, die sie für ihn darstellt, ihre Macht. Und das tut sie, indem sie ihre Lippen mit dem Blut eines abgetrennten Gliedes färbt. Das setzen wir im Produktdesign um, ganz easy: Der Stift ist der Schaft, der Deckel die Eichel, die Frau nimmt die Eichel ab, entmannt den Mann und nährt sich mit seinem Lebenssaft, labt sich am Blut ihres Unterdrückers, der zum Opfer geworden ist.«

»Aber ist das nicht Kannibalismus?«, fragt die Praktikantin entsetzt.

»Nein, das ist Selbstverteidigung. Pure Notwehr! Der Lippenstift wird zum Symbol der Befreiung. Das prächtige Rot wirkt bedrohlich und damit auch glamourös und anziehend. Männer sehnen sich in ihrem tiefsten Inneren ja danach, entmannt zu werden, endlich Frau zu sein.«

»Men's Blood – die perfekte Farbe für jeden Teint.«

»Das neueste Modell der Linie LipsDick.«

»Erhältlich in den Farben Schweineblut und Ochsenblut.«

»Meine Damen, ich glaube, wir sind auf dem richtigen Weg.«

Mittagspause. Es gibt keine absolute Stille. Das Rauschen in den Blutbahnen, das Pochen des Herzens, dieses verdammte Pfeifen im Ohr. Aber es gibt die Illusion von Stille. Wenn die Gedanken abschweifen und man die Gegenwart hinter sich lässt, wenn sich die gesamte Aufmerksamkeit auf etwas jenseits unseres Daseins richtet, dann stellt sich in seltenen Momenten so etwas wie Ruhe ein. Wenn ich vom wohltuenden Lärm meiner Jugend träume, wird der schreckliche von heute ausgeblendet, das Klappern der Tastaturen, der Kaffeeklatsch, die immergleichen Jingles im Radio. Es gibt Geräusche, die alle hören, und Geräusche, die nur einer hört. Doris' schrille Stimme lässt jeden aus der Mittagsruhe schrecken, das anhaltende Pfeifen hallt nur in meinem Schädel wider. Tinnitus ist eine Wunde, die niemand sieht.

Ich sitze vor meinen zwei Bildschirmen und wühle mich durch die Untiefen eines Onlineshops. Meine Aufgabe ist es, alle Produkte zielgruppengerecht zu beschreiben und die Produktbilder mit alternativen Tags zu versehen. Neben der verbesserten Auffindbarkeit über Suchmaschinen gibt dies sehbehinderten Nutzern die Chance, zu erfahren, was auf den Bildern zu sehen ist. Jetzt kommt, was meinen Arbeitsalltag einigermaßen erträglich macht: marginale Sabotage. Die Tags der Bilder bekommen die allermeisten User niemals zu Gesicht, also kann ich hier im Prinzip schreiben, was ich will. Neben Geschlechtsorganen und deutschen Diktatoren österreichischer Herkunft habe ich mich in letzter Zeit vor allem auf vollkommen sinnbefreite, zusammenhanglose Begriffskombinationen spezialisiert: »Pferdeäpfel-Einbauküche«, »Brombeerkuchen-Amoklauf«, »gestreifter Kirchturm-Fötus in Flammen« usw. Ich stelle mir Blinde im Shoppingrausch vor, die vor ihren Screenreadern hocken und sich Bildbeschreibungen vorlesen lassen wie »elliptische Autobahn-Matratze«, »Ping-Pong-Penis«, »Papst Benedikt XVI. in roten Dessous und Springerstiefeln« oder »Bauchnabelexplosionskomitee« und dabei vollkommen den Glauben an die visible Welt verlieren.

Und wenn jemand in einer Suchmaschine nach »Muschi« oder »Hitler« sucht und zum Onlineshop meines geliebten Kunden gelangt, ist das sicher auch nicht schlecht fürs Geschäft.

Diese bescheidenen Akte der Rebellion geben mir das Gefühl, mich nicht ganz zu verkaufen, mir ein Stückchen meiner Seele zu bewahren. Sie sind die chaotischen Highlights in den strukturierten Arbeitsabläufen meiner Position. Eine Praktikantin hat an ihrem letzten Arbeitstag auf Doris' Tastatur gekackt. Jedem seine kleinen Alltagsfreuden.

Wenn nachmittags die Konzentration im Büro nachlässt, kommt Tamara vom benachbarten Yogacenter, um Körper, Geist und Seele der Belegschaft mit ganzheitlichen Übungen in Einklang zu bringen. Tamara, die ausschließlich mit ihrem spirituellen Namen Shankari angesprochen werden will, trägt Bio-Yogaleggings und einen Sport-BH mit psychedelischen Ornamenten. Seit sie vor Jahren einen Intensivkurs in Goa besucht hat, weist sie gestresste Stadtmenschen in die Kunst der Asanas, Meditation und spirituellen Praxis ein. Das Team verteilt sich in der Chill-Area, meine Kolleginnen tragen Leggings oder weite Pumphosen, ich bleibe in meinen Jeans. Neuerdings steht Yoni-Yoga am Programm. Yoni ist der tantrische Begriff für die weiblichen Genitalien. Ich mache mit, weil alle mitmachen. Obwohl ich weder Vulva, Vagina noch Uterus besitze. Wenn es nicht hilft, schaden wird es wohl auch nicht.
»Wir begeben uns in den Göttinnensitz.«
Ich setze mich zwischen Claudia und eine Praktikantin. Shankari schiebt sich ein Meditationskissen unter ihren Po und demonstriert die richtige Position der Knie.
»Sitzt aufrecht, entspannt eure Gesichtsmuskeln, atmet sanft durch die Nase ein und ohne die Luft anzuhalten wieder durch die Nase aus. Fühlt, wie ihr zur Ruhe kommt, und spürt euch in euren Beckenboden ein. Formt mit den Fingern ein Dreieck und legt es in euren Schritt, sodass die Zeigefinger nach unten zeigen. Achtet darauf, dass eure linke Ferse direkten Druck auf die

Yoni ausübt, die rechte liegt am Schambein auf. Richtig, Claudia! Und wie gewohnt spannen wir beim Ausatmen unsere Gesäßmuskeln an.«

Ich verlagere mein Gewicht, verbiege meine Beine und versuche, die Gesäßmuskeln so gut es geht von den Beckenbodenmuskeln zu unterscheiden, aber so sehr ich mich auch bemühe, ich spüre nicht den Druck meiner Ferse auf meiner Yoni, sondern nur den Druck meines Toni auf der Ferse.

»Und jetzt der Schließmuskel.«

Alle atmen, spannen an und lassen los, atmen weiter und wirken nach jedem Atemzug entspannter. Meine Jeans zwicken im Schritt.

»Und jetzt die Harnröhre und die Eingangsmuskeln.«

Ich visualisiere mein Sakralchakra, das Zentrum meiner Sinnlichkeit und Kreativität, denn ich kann keine Eingangsmuskeln entdecken. Sofort fallen mir abstruse Begriffe für mein aktuelles Websiteprojekt ein.

»Diejenigen von euch, die gerade ihren Eisprung haben, werden sich voller Energie fühlen. Nutzt eure Power und lasst die Energie so richtig fließen. Wer zur Zeit menstruiert, kann während der folgenden Asanas einfach die Augen schließen und im Stillen meditieren.«

Rein gefühlsmäßig würde ich mich zur zweiten Gruppe zählen. Da man bei mangelndem Yoga-Engagement aber verächtliche Blicke erntet, ziehe ich es vor, lieber nicht zu meditieren.

»Dieses Asana hilft euch dabei, den Hormonhaushalt zu harmonisieren und das Weiblichsein so richtig zu zelebrieren. Feiert die Göttin in euch. Und denkt immer daran: Euer Körper ist ein Tempel, ein göttliches Geschenk.«

Ein Geräusch durchbricht die Stille. Die Körper befreien sich von allen Spannungen.

Ich schließe die Augen und feiere die Göttin in mir.

DIMINUENDO

Als ich die Hipsterhölle verlasse, brennt der Himmel lichterloh. Die untergehende Sonne färbt den Horizont orange, rubinrot, violett. Ich steige auf mein Fahrrad und reihe mich in den Feierabendverkehr ein. In dieser Stadt mit dem Auto unterwegs zu sein, ist nichts anderes als der pure Wahnsinn. Salzburg: zu klein für eine U-Bahn, zu feig für ein zeitgemäßes Verkehrskonzept. Eine Kolonne von SUVs steht vor einer roten Ampel, und ich fahre rechts an ihnen vorbei. In jedem Auto sitzt ein Typ ohne Beifahrer, das sind Anzugträger mit Sonnenbrillen, die gelangweilt in der Nase bohren und dabei Gangsta-Rap hören. Ich atme ihre Abgase ein. Get rich or die tryin'.

Die Ampel springt auf Grün, ich will geradeaus fahren, doch ein rechts abbiegender Geländewagen schneidet mir den Weg ab. Ich kann gerade noch bremsen und »Oida« schreien, ohne dass mich irgendjemand hört. Hinter mir Gehupe, es stinkt, die Ampel blinkt schon wieder, also nehme ich den Umweg über die Fußgängerzone. Auch hier Stau: flanierende Touristen, die in Schaufenster starren, Slalom fahrende Radkuriere, die pausenlos klingeln, Reisegruppen auf Segways in Zeitlupe. Hier wohne ich, das ist meine Stadt.

Zwischen der barocken Altstadt und dem Geschäftsviertel, wo Wohnraum entweder leersteht oder kurzzeitig an Urlauber vermietet wird, am Rande der Gentrifizierungszone, biege ich in eine Seitenstraße. Ich sperre mein Fahrrad ab und krame den Wohnungsschlüssel aus der Hosentasche. Im Briefkasten nichts als Rechnungen und Reklame. Get rich or try dyin'.

Der Aufzug ist außer Betrieb, also gehe ich zu Fuß. Im Stiegenhaus laufen mir zwei Asiatinnen mit riesigen Rollkoffern über den Weg.

»Airbnb?«

Ich schicke sie in den siebten Stock. Das Gebäude hat nur sechs.

Nina kommt vorbei. Wir kennen uns von einer dieser Dating-Apps. Bei sowas weiß man ja anfangs nie, wie ernst das wird. Jedenfalls, als sie das erste Mal bei mir war und misstrauisch die Flyer an den Wänden begutachtete, wusste ich, dass zumindest unser Musikgeschmack schwer zu vereinbaren sein würde.

»Was hast du gegen Popmusik?«

»Nichts. Hab mal in einer Band gespielt.«

»*Pop ist tot*?«

»Pop ist tot, lang lebe Punk!«

Sie drehte sich um und schüttelte den Kopf.

»Komischer Bandname.«

Dann hat sie mich geküsst, und seitdem sehen wir uns regelmäßig.

Für eine Wirtschaftsprüferin ist sie sehr witzig. Wir schauen einen Film von David Lynch und sie muss ständig lachen. Dabei ist der Film eher ernst.

Ohne Dating-App hätten wir uns nie kennengelernt. Wir leben in zwei verschiedenen Welten, zwei Dimensionen derselben Stadt. Die Couch, auf der wir sitzen, und das, was wir nach dem Film hier machen werden, ist die Schnittmenge unserer Existenzen.

Ich erzähle ihr, dass David Lynch nach seinem Highschool-Abschluss für kurze Zeit in Salzburg wohnte. Die Stadt war ihm aber zu sauber und zu ungefährlich. Zu steril. Nach zwei Wochen haute er fluchtartig ab nach Paris.

»Warum bist du eigentlich nie weggegangen?«

»Ich war viel unterwegs, von daher war es nicht so wichtig, wo ich wohne.«

»Und jetzt?«

»Jetzt hab ich mich an die Sterilität gewöhnt.«

»Deine Wohnung ist jedenfalls alles andere als steril.«

»Haha. Aber wenn jeder immer dorthin gehen würde, wo es scheinbar am coolsten ist, dann würde das ganze Land versauern. Wenn alle nach Wien ziehen, haben wir am Ende diesen gigantischen kulturellen Wasserkopf, der auf einem verkümmerten Körper steckt. Wenn da von unten keiner dagegenhält, bricht alles zusammen. Ich halte die Stellung, bis es wieder cool ist, hier zu leben.«

»Also ich finde es hier sehr cool.«

»Weil für dich sauber, ungefährlich und steril Synonyme für cool sind.«

»Jedenfalls besser als dreckig, gefährlich und unhygienisch. Meinst du nicht?«

»Außerdem ist wegziehen immer auch aufgeben.«

»Genau wie bleiben und sich aufregen.«

»Da hat wohl jemand doch noch *Pop ist tot* gehört.«

»Die Texte sind eh ganz okay. Solange du selber dafür sorgst, dass es cool ist, musst du nicht warten, dass es vielleicht irgendwann wieder cool wird. Falls es das für dich jemals war.«

»Ich komm mir so alt vor, wenn ich das sage, aber in den Neunzigern war es das tatsächlich.«

»Oh mein Gott, du *bist* alt.«

»Mit Punk im Herzen bleibt man immer jung.«

»Mit Punk im Herzen, am Abend auf der Couch, in der sterilsten Stadt der Welt.«

»Könnte schlimmer sein.«

Könnte aber auch besser sein.

Nina schläft, und ich dreh den Fernseher leiser. Ich sollte auch langsam ins Bett, muss morgen früh raus. Mein

Blick fällt auf die Poster und Flyer an der Wand, all die Erinnerungen, die von großartigen Nächten zeugen, von unseren 15 Minuten Ruhm in einem scheinbar anderen Leben, von dem nur papierne Reste übriggeblieben sind. Vergilbte Zettel und ein paar CDs, die ich nur einlege, wenn ich mich der Sentimentalität voll und ganz hingeben will. Ich öffne das Fenster und zünde mir eine Zigarette an. Die Lichter der Stadt, die beleuchtete Festung, der blinkende Sendeturm am Gaisberg. Ich komme mir vor wie ein Typ am Ende eines Films, die Geschichte ist vorbei, er steht im Dunkeln und raucht, denkt noch mal über alles nach. Das Orchester setzt ein, Namen und Funktionen bewegen sich durchs Bild, Sponsorenlogos werden eingeblendet, vielleicht noch eine Widmung und dann ist Schluss. Ein paar Straßen weiter wird in den Bars gefeiert, tiefe Bässe dröhnen aus tiefergelegten BMWs. Ich blase den Rauch nach draußen und er zieht nach oben, wo sich langsam, aber sicher ein Unwetter zusammenbraut. Ein verirrter Tourist läuft über die Straße, eine Kamera baumelt um seinen Hals. Er schaut kurz zu mir herauf, bleibt abrupt stehen, bringt die Kamera in Position, drückt ein paarmal ab und eilt weiter. Für ihn bin ich nur ein Statist in diesem barocken Freizeitpark, eine Silhouette im Fenster mit Kirchturm und Mond im Hintergrund. Datenmüll auf einer japanischen Speicherkarte.

Was mache ich hier? Inmitten dieser Kitschkulisse, die erfolglos versucht, das historische Erbe mit bäuerlichem Charme und neureichem Prunk in Einklang zu bringen? Wind zieht auf, der Abspann dauert schon viel zu lange. Eine Wolke schiebt sich vor den Mond. Als würde sich der Vorhang langsam über die Leinwand senken, ohne dass es vorher einen Film gegeben hätte. Einen Kurzfilm vielleicht. Von David Lynch. Ich zünde mir eine weitere Zigarette an und warte auf den Regen.

GÜNTHER

Der Arbeitstag zieht sich wie ein Progressive-Rock-Song. Komplexe Themen, die Gespräche wiederholen sich, jeder will solieren und das Ganze findet kein Ende. Darum habe ich immer schon Punk bevorzugt: Man sagt, was Sache ist, und zieht das Ding nicht unnötig in die Länge. Gitarrensolo? Entbehrlich. Reprise? Vollkommen überflüssig. Besser reduziert als überproduziert, lieber ein abruptes Ende als repeat to fade. Die internen Meetings hingegen sind ein Wettkampf unter Virtuosinnen, endlose Selbstinszenierungen, und wenn man glaubt, das Schlimmste sei überstanden, heißt es da capo al fine. Da capo all'infinito. Zum Glück bin ich heute nur für das Protokoll zuständig.

Um sechs kommen die Reinigungskräfte. Ich mache Überstunden, weil ich in meiner regulären Arbeitszeit den Fokus zu sehr auf die Bildung abstruser Substantivkomposita gelegt habe. Als ich aus dem Augenwinkel eine Gestalt erblicke, schaue ich auf. Da steht ein Typ und inspiziert die Urkunden und Auszeichnungen an der Wand. Ich nehme den Kopfhörer ab. Er gehört nicht zum Putztrupp. Jeansjacke mit großem *Dead-Kennedys-*Aufnäher, Doc Martens, Wuschelkopf. Kein Zweifel, das ist Günther. Er steht breitbeinig da, nicht wie einer, der jemanden sucht, sondern vielmehr wie einer, der gefunden werden will. Er nimmt eine gerahmte Urkunde vom Haken und lacht laut auf, dann stellt er sie einfach gegen die Wand. In dieser Umgebung wirkt er wie ein Fremdkörper. Günther war der Schlagzeuger von *Pop* *ist tot.* Für mich existiert er nur hinter seinem Drumset, hinterm Steuer des Bandbusses oder hinter einer Flasche Bier. Alles andere ist surreal, seine schiere Existenz außerhalb des gewohnten Kontexts, seine Anwesenheit hier in der Hipsterhölle ist absolut unvorstellbar. Als er einen Werbepreis aus dem Regal nimmt, stehe ich auf und gehe auf ihn zu.

»Das Rosarote Rebhuhn für diskriminierungsfreie Werbung?«, fragt er, ohne sich umzudrehen.

»Der Publikumspreis. Schlecht dotiert, aber gute Publicity.«

»Die Urkunde da drüben ist auch nicht übel, Oida. Frauen und Technik. Grundlagen plus Aufbaulehrgang.«

Ich bücke mich und hänge den Rahmen wieder an die Wand.

»Bist du hier der Quotenmann?«

Erst jetzt dreht er sich um. Wir schauen uns ein paar Sekunden lang an, dann fallen wir uns in die Arme. Wir haben uns schon Jahre nicht mehr gesehen. Ich kann noch immer nicht unterscheiden, ob er nach Aftershave oder Schnaps riecht. Wahrscheinlich eine Mischung aus beidem.

»Was machst du hier, Günther?«

»Die Frage lautet: Was zur Hölle machst du hier, Oida???«

»Die Werbebranche sabotieren.«

»Schlimm genug, dass du in der Provinz geblieben bist. Dann auch noch dieser Laden.«

Er klopft mir auf die Schulter.

»Ich hätte dich woanders gesehen. Wenigstens in Wien.«

Wien kann mir gestohlen bleiben, allein schon deshalb, weil mich jeder dorthin verfrachten will.

»Wenn es dort so toll ist, was machst du dann hier?«

»Ich lad dich auf ein Bier ein.«

Ich will in die nächstbeste Bar einkehren, aber Günther gibt mir zu verstehen, dass Craft Beer nicht sein Ding ist. Also gehen wir ein Stück in Richtung Altstadt. Er macht große Schritte, ist immer noch der zappelige, motivierte Haudrauftyp, kurz gesagt erfüllt er alle Ansprüche, die man an einen anständigen Drummer stellt. Er trägt immer noch das Flinserl im Ohr, seine Geheimratsecken machen ihn locker zehn Jahre älter, als er tatsächlich ist. Eine Touristengruppe wartet auf ihren Reisebus und blockiert nicht nur den Gehsteig, sondern gleich die halbe Straße. Wir drängen uns durch die Menge.

»Oida, wie hältst du das jeden Tag aus?«

»Ich wohne da, wo andere Urlaub machen«, sage ich.

»Die machen hier keinen Urlaub, die werden hergekarrt, einmal durch die Altstadt getrieben und wieder eingesammelt. Wenn sie überhaupt Geld dalassen, dann für übertuerte Souvenirs und schlechte Schnitzel.«

Er ist ganz der Alte. Ich denke zurück an die Zeit, als wir mit der Band unterwegs waren und selbst Städte erkundeten, entweder vor dem Soundcheck oder in der Früh, rein ins Zentrum, Gruppenfoto vor einer beliebigen Sehenswürdigkeit, keine Zeit für Museen, ein Abstecher in eine Bar und weiter ging's.

»Craft Beer ist der Cloud Rap unter den Getränken. Jeder macht's und keiner braucht's.«

Der Bierkeller sagt ihm mehr zu. Wir bestellen und er setzt wie gewohnt zu einer seiner Tiraden an:

»Salzburg ist die perfekte Stadt, um sich vor der Gegenwart zu verstecken. Vor der Gegenwart und vor der Zukunft. Hier ist die Vergangenheit so mächtig, dass sie alles andere in den Schatten stellt. Die Geschichte von anderen verdrängt die eigene. Das ist ein vergoldeter Haufen Scheiße, du riechst doch, wie das alles stinkt!«

»Das einzige, was hier stinkt, ist dein Aftershave.«

»Oida...«

Nach dem Ende von *Pop ist tot* dauerte es keine drei Wochen, und er hatte eine spottbillige Wohnung in Ottakring gefunden, einen Job im Außendienst einer halbseidenen Spedition in der Tasche und ein gertenschlankes Ex-Groupie an seiner Seite, das sich nicht durchringen konnte, auch seinem Junkietum ein »Ex-« voranzustellen. Von Musik wollte er nichts mehr wissen.

»Raus mit der Sprache, Günther: Warum bist du hier?«

»Weißt du, wofür die Vertreibung aus dem Paradies wirklich steht?«

»Hä?«

»Die Vertreibung aus dem Paradies, Oida, die Bibel. Das ist nur eine Metapher. Zuerst waren die Menschen Nomaden und vollkommen glücklich. Dann wurden sie sesshaft und die Kacke war am Dampfen. Sie lebten auf engstem Raum mit ihren Tieren und bekamen grindige Krankheiten, die Kinder murksten sich gegenseitig ab, das gab es vorher alles nicht. Du bist auch sesshaft geworden, und was hast du davon? Früher gehörte uns der ganze Kontinent, heute vielleicht 50 Quadratmeter. Und die gehören jemand anderem.«

»Ich blick nicht ganz durch.«

»Was ich sagen will: Wir müssen zurück ins Paradies.«

»Aber gibt es das noch, das Paradies? Oder ist der Garten abgebrannt?«

»Die Kids fahren wieder voll auf den alten Sound ab, es gibt da eine neue Szene. Es wird Zeit, dass wir unsere Geschichte weitererzählen.«

»Keine Chance, Mann. Heute läuft das nicht mehr.«

»Es gibt ein Revival der Achtzigerjahre. Bald sind wir dran, Oida.«

»Du spinnst! Hast du schon mit Branko und dem Hansi geredet?«

»Zuerst rede ich mit dir, alles andere ergibt sich von selbst.«

»*Pop ist tot* ist tot.«

Er erhebt sein Glas.

»Lang lebe *Pop ist tot*.«

»Manche Dinge soll man in Frieden ruhen lassen.«

»Und manche Dinge verdienen eine Auferstehung, das Paradies zum Beispiel.«

Günther ist Gründungsmitglied von *Pop ist tot*. Er hat seinen Teil dazu beigetragen, dass die Band zerbrochen ist, aber da sind wir alle nicht ganz unschuldig. Dass gerade er versucht, diese Leiche wiederzubeleben, wundert mich.

Als wir den Bierkeller verlassen, kann sich mein Kopf nicht entscheiden, ob mich die Luft nüchterner macht oder erst so richtig betrunken. Ich biete Günther an, dass er bei mir übernachten kann, aber er hat irgendwo ein Zimmer. Er lehnt sich an eine Hauswand, versucht ein Anarchozeichen auf den grauen Verputz zu pissen und kann kaum die eine Minute stillstehen.

Fast wie früher.

Das Ergebnis gleicht eher einem Pentagramm oder einer zerplatzten Wasserbombe. Nur ein Verrückter würde in diesem Rorschachtest aus Pisse ein Anarchozeichen erkennen.

Er zieht den Reißverschluss zu und sieht zur Festung hinauf.

»Nein, nein, ist eh ganz schön hier.«

TRACHT ODER PRÜGEL

Unser erster Bandbus war ein Renault Rapid. In Rot. Das hässlichste Auto der Welt. Es gehörte Hansis Eltern, wir waren noch minderjährig, aber Günther, der älteste von uns, hatte schon den Führerschein. Er musste Hansis Vater hoch und heilig versprechen, dass er das Auto heil zurückbringen würde, den Hansi auch, natürlich, aber den untersuchte der Alte nach einer Ausfahrt nicht penibel nach Schrammen und Dellen. Am Hansi hätte er mit Sicherheit mehr Schäden gefunden, denn Günther war schon damals ein guter Fahrer. Außerdem wirkte er vertrauenswürdig, also fuhren wir zu Bandcontests nach Wien und München, wo wir musikalisch komplett versagten, aber dank unserer Wurstigkeitsattitüde durchaus Sympathiepunkte sammeln konnten. Günther machte damals seine erste gröbere Drogenphase durch, so sparten wir uns das Geld für die Übernachtung, denn nach der Party war er immer noch munter genug, um direkt nach Hause zu fahren. Er wollte dann immer weiterfeiern oder wenigstens proben. Während wir zu k.o. waren, um auch nur irgendetwas zu machen außer zu schlafen, kam sein Einbruch erst mit Verspätung, dann fiel er tagelang aus, aber bis zum nächsten Auftritt war er wieder fit.

Fit zu sein kann ich von mir leider nicht behaupten. Früher war das kein Problem, drei Stunden Schlaf und ab in die Schule. Heute fühle ich mich bereits mies, wenn ich nach Mitternacht ins Bett komme. Wenn ich auch noch mehr als zwei Bier trinke, ist ein schlimmer Kater vorprogrammiert.

Ein Reisebus erbricht einen Schwall Menschen. Sie drängeln sich auf dem Radweg und reden wild durcheinander. Da hilft kein Klingeln, ich muss absteigen und das Fahrrad schieben. Am Eingang der Hipsterhölle steht ein junges Paar in Tracht, ich denke mir nichts dabei, aber als ich auch noch unsere neue Praktikantin im Dirndl sehe, fällt es mir ein: Verdammt, heute ist Lederhosendonnerstag. Und ich stehe da in Jeans und Kapuzenpulli. Noch mal nach Hause fahren geht sich nicht aus, ich bin sowieso schon spät dran. Also muss ich mit den Konsequenzen leben.

Die Tradition wird seit gut einem Jahr von den meisten Unternehmen hier zelebriert. Die Idee hatten die Erben des Trachtenshops im Erdgeschoss: Am Donnerstag kommen alle in Lederhose oder Dirndl, zumindest ein kariertes Hemd oder ein gestrickter Janker sind Pflicht. Dafür gibt es ein Freibier. Das ergibt ein groteskes Bild: die gesamte Belegschaft verkleidet als Landadel, ein allwöchentliches Oktoberfest zur Belustigung der Kunden. Bärtige IT-ler, die stolz ihre Waden präsentieren, Baristas in voller Lodenmontur, Influencerinnen mit Haferschuhen und Stutzen – sogar der türkische Barber trägt eine Krachlederne. Die Umsatzexplosion des Trachtenshops ist ein weiterer Nebeneffekt. Die beiden Söhne des Seniorchefs haben den Laden zu einem Luxuslabel umfunktioniert. Anfangs galt ein strenger Dresscode, es gab exakte Vorschriften, welche Tracht erlaubt ist (original Salzburger Tracht: ja; billige Imitationen: nein), wie man diese richtig trägt, was man miteinander kombinieren darf und so weiter. Einige Firmen haben sich der Sache zuerst ganz verweigert, machten dann aus Gruppenzwang oder zumindest (halb-)ironisch am Ende aber doch mit, so wie meine Agentur.

Über dem Eingang hängt ein Riesenplakat mit dem Schriftzug »Tracht Prügel« in deutscher Fraktur. Dazwischen steht ein kleines »oder«, ich mache mich also auf Prügel gefasst. Das Büro ist dekoriert, es sieht aus wie am Set eines sehr verstörenden Films. Die Gegenaktion war Doris' Idee. Was als kleiner Spaß begann, hat mittlerweile ebenso furchterregende Ausmaße angenommen wie der Lederhosendonnerstag selbst. Dass das Ganze so aus dem Ruder laufen würde, konnte niemand ahnen. Doris und Claudia tragen Lederhosen-Hotpants inklusive Bauchgurt mit kunstvoller Federkielstickerei. »Blut & Hoden« ist darauf zu lesen. Dazu passend haben sie einen Slogan entworfen, der am Lederhosendonnerstag pausenlos skandiert wird:

Blut und Hoden, auf den Boden!
Blut und Hoden, auf den Boden!
Blut und Hoden, auf den Boden!

Ich fühle mich angesprochen, weil ich erstens keine Tracht trage und zweitens nicht wie versprochen heute Morgen bei den Vorbereitungen geholfen habe. Die Hotpants haben sie mit Doc Martens kombiniert, auf ihren schwarzen T-Shirts prangt die Aufschrift »Tracht oder Prügel?«. In ihren Blicken mischen sich Verachtung und Schadenfreude. Ich halte meine Hände schützend vor meine Weichteile, ein Reflex wie von Fußballern, die eine Mauer bilden und auf den Freistoß warten, darauf hoffend, dass der Ball hoch über die Köpfe hinwegsegelt oder einem Nebenmann die Nachwuchsplanung versaut. Hauptsache, man selbst kommt heil davon. Schwirig, wenn man der einzige Mann in der Mauer ist.

»Sorry, Doris, ich hab das heute total vergessen.«

»Du weißt, was jetzt kommt.«

Kurz darauf stehe ich, ein etwas zu enges Dirndl tragend, immer noch verkatert, im Erdgeschoss und verteile das radikale Manifest »Tracht oder Prügel?« an ahnungslose Trachtenfreunde. Ich trage roten Lippenstift und ein Samtkropfband inklusive Edelweißanhänger, der mein Dekolleté betont. Ich stimme den Schlachtruf an:

Blut und Hoden, auf den Boden!
Blut und Hoden, auf den Boden!
Blut und Hoden, auf den Boden!

Passanten machen Fotos und Videos, die PR-Aktion ist gelungen.

Als ich später wieder an meinem Arbeitsplatz sitze, stürmt einer der Trachtenshopbesitzer mit hochrotem Kopf zu uns herein. In Kniebundlederhose und feschen Janker gewandet, schreit er sich die Trachtlerseele aus dem Leib: »Was fällt euch ein?! Ihr könnt den ehrwürdigen Lederhosendonnerstag nicht für eure schmutzigen Kampagnen missbrauchen. An dem Tag geht es um Tradition, um Brauchtum und um die Rückbesinnung auf echte Werte, nicht um eure versiffte Gutmenschenpolitik.«

Wie es sich gehört, steckt ein Feitel mit Hirschhorngriff in seiner Messertasche. Doris steht auf und stützt ihre Arme in die Seiten.

»Geh, hör doch auf, Sepp. Trachten sind politisch. So oder so. Ihr setzt ein Signal, und wir treiben es eben auf die Spitze.«

Er hält ein Exemplar des Manifests in die Luft, das ich verteilt habe, zieht eine randlose Lesebrille aus seiner Brusttasche und trägt daraus vor.

»Wir schöpfen Kraft aus der Freude, unsere Waden

aus Stahl und unsere Oberweiten für den einen Zweck zu nutzen, für den sie geschaffen wurden: das Patriarchat zu unterwerfen.«

»War ja klar, dass du als weißer Cis-Mann was dagegen hast«, unterbricht ihn Doris. »Wenn hier jede Woche eine Faschingsparty stattfindet, möchten wir auch mitmachen.«

»Wir veranstalten keine Faschingsparty, wir leben eine Tradition! Das ist Ausdruck unserer Heimatverbundenheit, unserer Vaterlandsliebe! Aber davon versteht ihr ja nichts, ihr zieht das alles in den Dreck!«

»Eure Tradition ist es, Tiere zu häuten, Stiefel zu lecken und Geld zu verdienen. Und das nicht aus Zufall seit 1938.«

Claudia kommt aus der Gemeinschaftsküche, einen Teller dampfende Würstel in der Hand.

»Was soll das überhaupt für eine Aufmachung sein? Die Hosen sind ja nicht mal aus echtem Leder, das seh ich doch von hier.«

»Eure Deutungshoheit hat ausgedient. Wir überlassen die Lederhose nicht euch Männern. Und auch den Lederhosendonnerstag nicht.«

»Das wird ein Nachspiel haben!«

»Und auch die Fahnen und Gesänge überlassen wir euch nicht, weder die Visionen und Manifeste noch das Bier und die Knackwurst.«

»Zumindest die vegane Variante«, sagt Claudia und beißt die Spitze ihres Würstels ab. Das Ketchup leuchtet wie Blut unter dem »Tracht Prügel«-Banner. Der Trachtler stürmt wutentbrannt davon.

SCHNAPS ODER SUSHI

Dieses Mal passt mich Günther auf der Straße ab. Er sieht nicht so aus, als hätte er geschlafen.

»Oida... Warum laufen hier so viele Leute in Tracht herum?«

»Heute ist Lederhosendonnerstag. Das ist hier so ein Ding.«

»Und wo ist deine Lederhose?«

»Als alter Punk mach ich bei dem Scheiß nicht mit.«

Er schaut mich zweifelnd an, als wüsste er, dass ich lüge.

»Hast du's dir schon überlegt?«

»Was denn?«

»Na das mit dem Paradies.«

»Heute ging's drunter und drüber.«

»Hast du Lippenstift getragen?«

»Hä?«

Ich wische mir mit dem Handrücken über den Mund.

»Egal, ich hab was aufgestellt. Eine Tour. Alles gebucht, nächsten Freitag geht's los. Wir müssen nur zusagen.«

Seine Augen leuchten wie vor 20 Jahren bei der Aussicht auf ein Briefchen Speed. Er schaut mich erwartungsvoll von der Seite an, als präsentiere er mir damit die Lösung für all meine Probleme.

»Was? Wir haben jahrelang nicht miteinander gespielt, geschweige denn miteinander geredet. Die Band existiert nicht mehr und du planst eine Tour? Bist wo ang'rennt?«

»Das ist unsere Chance! Die ›Schnaps-ist-super‹-Tour von *Superschnaps*. Der Opener ist ausgefallen und wir können einspringen, wir fahren mit meinem Van und es wird wie in alten Tagen.«

»*Superschnaps*? Das klingt ja voll deppert.«
»Das ist der neue Stern am Punkrockhimmel. Johnny Obstler, Willy Wodka, sagt dir nichts?«
»Klingt für mich nach Wanderzirkus.«
»Oida, das ist ganz großes Kino. Und die wollen uns dabeihaben, Mann.«
»Und was zahlen die?«
»Die Details müssen wir erst besprechen.«
»Kann mir schon vorstellen, worauf das hinausläuft.«
»Die haben sogar ihren eigenen Schnaps.«
»Lass mich raten, wie der heißt: Superschnaps?«
»Hast du sicher schon gesehen, gibt's sogar im Supermarkt.«
»*Das* ist Punkrock!«
»Das *ist* Punkrock!«
Punkrock im 21. Jahrhundert: in Flaschen abgefüllte Rebellion, platziert auf Brusthöhe zwischen Kirschlikör und Alkopops.
»Dann bin ich froh, dass ich in letzter Zeit mehr Hip-Hop gehört hab.«
»Ist nicht dein Ernst?«
»Hip-Hop ist der neue Punk. Die Rapper geben einen Fick auf Konventionen und halten unsere DIY-Ideale hoch, sie sind die neue radikale Avantgarde und machen fett Kohle damit.«
»Um Kohle ist es uns nie gegangen, das ist der Unterschied.«
»Warum willst du dann die Tour machen, wenn es dir nicht um Kohle geht?«
»Hörst du mir überhaupt zu? Das Nomadentum ist das Paradies, wir hatten alles, was wir wollten. Schau dich an: Du Sesselfurzer bist das geworden, was du immer verachtet hast. Du sitzt in der Falle! Und ich bin hier, um dich zu befreien.«

Mittlerweile stehen wir in meiner Straße, rauchen und schreien uns gegenseitig an. Nina kommt von der Arbeit, sie parkt ihren Audi am Straßenrand. In ihrem Hosenanzug verkörpert sie das Idealbild der erfolgreichen Geschäftsfrau, das exakte Gegenteil von Günther. Sie küsst mich auf den Mund und fragt mich, ob sie die Polizei rufen soll. Günther fängt zu lachen an und hört gar nicht mehr auf. Nina schaut mich fragend an. Ich zucke mit den Achseln.

Jetzt nimmt er einen Zug von seiner Zigarette und schüttelt den Kopf.

»Sie haben dich erwischt, Oida. Hätte nicht gedacht, dass ich das mal sage, aber sie haben dich erwischt.«

»Wer ist das?«, fragt Nina.

Günther kommt meiner Antwort zuvor: »Ein Geist, nur ein Geist aus der Vergangenheit.«

Er schnippt seine Zigarette auf den Asphalt, dreht sich um und brüllt ein letztes Mal: »Sie haben dich erwischt!«

Wir essen Sushi und ich erzähle Nina, wer der Bekloppte war, dieser leicht verwahrloste Geist, der mich heimgesucht hat. Das sind keine mundgerechten Stücke, sondern so komische Mini-Sushi-Burger, ein Trend der Hybridküche, der endlich auch diesen Teil der Welt erreicht hat. Ich erzähle ihr von der möglichen Reunion, den absurden Tourplänen, von *Superschnaps* und vom Paradies.

»Auf den Postern sieht er besser aus«, sagt Nina, während sie eines der Teile routiniert mit ihren Stäbchen greift und in Sojasauce tunkt.

»Da war er auch 20 Jahre jünger.«

»Du schaust noch fast so aus wie damals.«

»Ich hab mir auch weit weniger Zeug reingepfiffen«, sage ich und würde mir am liebsten Messer und Gabel holen. Oder einen Löffel.

»Glaubst du, dass er wieder drauf ist?«
»Das weiß man bei Günther nie so genau.«
»Und das in dem Alter.«
»Reizen würde es mich ja schon irgendwie.«

Ich lege die Stäbchen beiseite und schiebe mir einen Sushi-Burger mit den Fingern in den Mund.

»Was?«

Für einen Bissen war das Teil definitiv zu groß.

»Unterwegs sein, auf der Bühne stehen, die alten Songs spielen. Wär ja nur mal eine Tour für den Anfang.«

»Nächste Woche sind wir bei Cornelia und Martin zum Brunchen eingeladen. Der Typ kann nicht einfach aus dem Nichts auftauchen und sagen: Nächste Woche spielen wir in irgendeinem Kaff, und du springst auf und sagst alles ab. Und was wär überhaupt mit der Agentur?«

»Da würd mir schon was einfallen.«

»Die Tour dauert Wochen.«

»Ich hab eh noch ein paar Urlaubstage.«

Sie schaut mich fassungslos an.

Das mit Nina ist keine wirklich ernste Sache, zumindest rede ich mir das immer noch ein, aber bei so was versteht sie keinen Spaß.

»Was denn?«

»Du kannst doch deine Karriere nicht einfach so aufs Spiel setzen?«

»Welche Karriere bitte?«

»Als Content-Manager in einem aufstrebenden Unternehmen.«

»Ha! Wohl eher als ewiger Praktikant. Außerdem hab ich noch gar nichts entschieden.«

»Es reicht, dass du überhaupt dran denkst. Oder glaubst du, ich merke nicht, wie sentimental du deine blöden Flyer anschaust.«

»Ich hab wenigstens etwas, auf das ich zurückblicken kann. *Ich* hatte Spaß im Leben.«

»Und du denkst, ich hatte keinen? Du machst dich lächerlich, du lebst in der Vergangenheit.«

»Ich frag mich manchmal, ob ich überhaupt noch lebe.«

»Du musst dich langsam mal entscheiden: Entweder deine Vergangenheit…«, dabei zeigt sie auf die Flyer an der Wand, »…oder deine Zukunft.« Sie lässt die Hand sinken, aber ich bilde mir ein, dass sie dabei auf sich selbst zeigt.

»Ach, Nina«, sage ich, und in meinem Kopf krachen Welten aufeinander.

Sie schaut mich erwartungsvoll an, während ich überlege, was ich antworten soll.

Ich wäge ab, denke nach.

Zu lange.

Sie schlägt die Tür hinter sich zu.

SCHNAPS

Ich sitze mit Hemd und Krawatte im Büro und feile an den letzten Einzelheiten der Präsentation für das Chemistry-Meeting. Der heutige Dresscode ist mir mindestens so unangenehm wie der gestrige. Im Dirndl hatte ich wenigstens Beinfreiheit. Damit mich das endlose Tippen der Tastaturen und mein elendiger Tinnitus nicht fertigmachen, trage ich Kopfhörer. Ich höre eine zufällig ausgewählte Playlist mit Songs, die angeblich meine Konzentration stärken und meine Motivation erhöhen. Bei mir erreichen sie das genaue Gegenteil: Die sanften Streicher machen mich geradezu aggressiv, die nichtssagenden Melodien lassen Raum für Ablenkungen aller Art. Die Vögel auf den Bäumen vor dem Fenster kann ich gerade noch ausblenden, wenn ich auf den Bildschirm starre, die Kolleginnen, heute wieder in Crop-Tops und bodenscheuen High-Waist-Jeans, ebenso – einzig den Satz »Sie haben dich erwischt!« höre ich pausenlos widerhallen. Er legt sich über den Tinnitus, über die Wohlfühlmelodien, über die Gedanken. Beim Klingeln des Weckers: Sie haben dich erwischt! Beim Ausweichmanöver im Frühverkehr: Sie haben dich erwischt! Beim Hochfahren des Rechners: Sie haben dich erwischt! Beim Klick auf das Speichern-Icon: SIE HABEN DICH ERWISCHT! Günther sagt, es ist Zeit für eine Bildungskarenz. Er sagt, in Wien reichen zehn Stunden Arbeit zum Überleben. Pro Woche, Oida. Gemeindebau, AMS, ein kleiner Nebenverdienst, und am Mittwoch beginnt das Wochenende. In der restlichen Zeit bildet er sich weiter. Jeden Tag spielen so viele gute Bands, dass man sich gar nicht entscheiden kann, wo man hingehen soll. Das gesamte Salzburger Jahresprogramm in einer Woche, nur ohne die beschissenen Festspiele. Er liest Bücher über Kunst und die Evolution. Er geht ins Kino. Er drischt seit Kurzem wieder auf sein Schlagzeug ein. Bildungskarenz eben.

Nina sagt, für eine Bildungskarenz bedarf es einer Aus- oder Weiterbildung mit beruflichem Bezug sowie einer schriftlichen Vereinbarung zwischen Arbeitgeber und Arbeitnehmer. Günther sagt, nie wieder Lederhosendonnerstag, nie wieder Kompromisse. Nina sagt, halt dich an die Fakten. Günther sagt, wenn es in der Menschheitsgeschichte je einen Sündenfall gegeben hat, dann das Sesshaftwerden. Günther sagt, wenn es in meinem Leben je einen Sündenfall gegeben hat, dann das Sesshaftwerden. Nina sagt, Lücken im Lebenslauf machen sich nicht gut. Günther sagt, die Lücke ist schon viel zu groß, und meint damit den Abgrund, der sich auftut zwischen dem letzten Konzert von *Pop ist tot* und der tristen Gegenwart. Er sagt, das ist die wahre Lücke in meinem Lebenslauf, jeder Job war nur ein Lückenfüller, eine Überbrückung bis zur Wiederaufnahme meiner Berufung. Nina sagt, ich soll nicht längst ausgeträumten Träumen nachweinen. Günther sagt, das Leben in der Provinz hat meinen Sinn für die Realität verzerrt. Nina sagt, werd erwachsen. Günther schreit, NIEMALS.

Um elf muss ich mit Doris in den Westtrakt der Hipsterhölle, um unsere PR-Strategie einem Start-up vorzustellen, das vor Kurzem hier eingezogen ist und mit seinen plastikfreien Sextoys die Welt erobern will. Im Rahmen eines Chemistry-Meetings wird sich herausstellen, ob die Chemie zwischen den Parteien stimmt. Ich bin dabei, weil ich das authentischste Gespür für Männerspielzeug habe, oder mit anderen, Doris' Worten, weil ich ein Wichser bin. Ich denke an Günthers Jeansjacke und an Ninas Hosenanzug. In Gedanken ziehe ich die beiden aus und um, lasse Günther in den Anzug schlüpfen und Nina belasse ich erst mal nackt, betrachte ihre schneeweiße Haut und ihre Hüften, dann verpass ich ihr die Jeansjacke mit dem *Dead-Kennedys*-Patch, und ich denke, Günther sieht aus wie ein Gebrauchtwagenhändler mit schlecht vertuschten Drogengewohnheiten und Nina sieht aus, wie eine Wirtschaftsprüferin in einer Jeansjacke nun mal eben aussieht, zu gleichen Teilen deplatziert und sexy. Die beiden Welten lassen sich nicht miteinander vereinbaren, es sei denn, Nina lässt sich tätowieren und trinkt mit mir Dosenbier am Gehsteig oder Günther unterzieht sich einem Haarschnitt, einem Entzug und einer Lobotomie.

Doris kommt, um mit mir den Ablauf des Meetings ein letztes Mal durchzugehen. Das glaube ich zumindest.

»Eh lieb, dass du dich so aufgebrezelt hast, aber wir machen das heute ohne dich.«

Ich schaue sie fassungslos an.

»Danke für die Vorarbeit, ab hier übernimmt Claudia.«

»Weil ich gestern die Lederhose vergessen habe?«

»Du hast nicht nur die Lederhose vergessen, du hast dich vorm Auf- und Abbau gedrückt. Du bist seit Tagen geistig abwesend. Sowas können wir beim Chemistry-Meeting nicht gebrauchen.«

»Ich hab im Dirndl Werbung für euer Manifest gemacht und mir dabei den Arsch aufgerissen!«

»Die Flyeraktion im Dirndl war ganz nett, aber das war weder deine Idee noch macht sich dein unausgeschlafener Arsch besonders gut am Zeitungscover. Und das sagt eh schon alles: *euer* Manifest. Du kapselst dich ab mit deinem riesigen Kopfhörer, wie das schon aussieht?! Du könntest wenigstens AirPods tragen.«

Ich gebe ihr meine Präsentation und die Notizen, ehe sie sich mit Claudia im Meetingraum verschanzt. Beim Weggehen trägt mir Doris auf, dass ich einen Tisch im K3 zum Lunch reservieren und dann der neuen Praktikantin erklären soll, wie man die Kaffeemaschine entkalkt. Das Thema plastikfreie Sextoys ist für mich erledigt.

Ich wechsle die Playlist. Von konzentrationsfördernd und aufbauend zum kompletten Abriss. *Black Flag.* Das Gebrüll von Henry Rollins entspricht exakt dem Lebensgefühl, das man hat, wenn seine Ideen zu aus heimischen Hölzern gedrechselten Analplugs und gläsernen Penispumpen (natürlich mundgeblasen) gerade gekapert wurden. Die Drums hämmern mir ins Ohr und verdrängen alle Gedanken. Ich bin schlagartig entspannt.

Plötzlich steht die Praktikantin vor mir und deutet auf ihre Uhr. Sie bewegt ihren Mund. Ohne zu hören, was sie sagt, entgegne ich:

»Geh du schon mal vor in die Küche, ich komm gleich nach.«

Dann bleibe ich ein paar Augenblicke sitzen, warte auf den Schlussakkord und nehme den Kopfhörer ab. Ich schließe alle Fenster und schalte den Bildschirm aus. Ich mache mich auf den Weg in Richtung Küche, biege aber davor zur Toilette ab. Ich gehe zum Waschbecken, fülle meine Hände mit kaltem Wasser und schütte es mir ins Gesicht. Aus dem Spiegel blickt mich jemand mit müden Augen an, der mehr meinem Vater ähnelt als der Person, die ich von früheren Badezimmerkonfrontationen kenne. Ich sehe Schatten unter den Augen, fahle Haut im weißen Licht. Die Krawatte schnürt mir den Hals zu, ich öffne den obersten Knopf meines Hemds, scheiß drauf, die oberen zwei, drei Knöpfe. Es gibt keine Papiertücher, mit denen ich mir das Gesicht abtrocknen könnte, nur eines dieser Gebläse, in das man die Hände hineinsteckt.

Für meinen Kopf ist das Ding zu schmal, ich gebe auf. In dem Moment muss ich an den Refrain eines unserer frühen Songs denken.

Gib nie auf und bleib nicht stehen.
Scheiß doch drauf, im Zweifel gehen.

Ich gehe in eine Kabine und ziehe ein paar Blätter Klopapier von der Rolle, um mir mein Gesicht abzutrocknen. Es ist so einfach: im Zweifel gehen. Anstatt mich hier jenseits von Eden mit Trachtenfauxpas, Onlineshops und Holzdildos herumzuschlagen, könnte ich einfach losgehen und einen letzten Versuch wagen, mich dem Paradies an die Fersen zu heften. Ich klappe den Klodeckel hoch, schaue verächtlich auf das Schild, das einen durchgestrichenen stehenden Mann beim Pinkeln zeigt, und lasse es laufen. Ich denke nicht dran, mich hinzusetzen.

Keine durchgestrichenen Männer mehr.
Das ist ein Akt des Widerstands.

BRANKO

»Wir *waren* Helden? Höchste Zeit, dass wir wieder welche werden!«

Günther sitzt am Steuer seines verrosteten Ford Transit, die Ramones knallen aus den Boxen und er brüllt herum wie in seinen besten Tagen.

»Oder weißt du noch, die Tour in der Slowakei? Die Show in Žilina?«

»Branko war so auf Borovička, dass er jeden Song doppelt so schnell gespielt hat.«

»Und den Leuten war's komplett egal, Oida. Sie haben sowieso kein Wort verstanden.«

»Die waren einfach froh, dass jemand einen Stopp in ihrem Kaff einlegt.«

»An dem Abend hab ich ernsthaft an meiner Theorie gezweifelt.«

Günther hat schon vor Jahren die Hypothese aufgestellt, dass Bassisten erstens die besseren Musiker sind und zweitens auch die besseren Menschen.

»Bass und Drums halten alles am Laufen, die müssen ein eingeschworenes Team sein, das im Gleichschritt operiert. An dem Abend ist Branko aber davongaloppiert und wir kamen nicht mehr hinterher. Der Borovička wirkte bei ihm wie ein Metronom, je mehr Promille, desto mehr Beats in der Minute.«

»Soviel dazu, dass Bassisten die besseren Musiker sind.«

»Er ist zumindest der einzige von uns, der von der Musik leben kann. Und das ziemlich gut, was man so hört.«

Branko hat sich nach dem Ende von *Pop ist tot* als Produzent selbstständig gemacht und anfangs vor allem Alben von Punkbands betreut. Dann ging es in Richtung Pop, weil da mehr zu holen war, und irgendwann machte er auch vor Schlager nicht mehr halt. Er hat sein Studio mittlerweile in ein altes Bauernhaus im Nirgendwo verlegt, wo er die Wiesen und Wälder ungestört mit ohrenbetäubenden Klängen beschallen kann, für die jeder Nachbar ihn abmurksen würde, ohne auch nur eine Sekunde zu zögern.

»Du weißt, wie's rennt, Oida: Der Bassist bildet das Fundament einer Band. Nicht nur im rhythmischen Sinn wie der Drummer, sondern auch melodisch und harmonisch. Er sticht nicht groß hervor, aber ohne ihn würde der ganze Unterbau eines Songs wegfallen. Der Gitarrist will alle Aufmerksamkeit und die Höschen der Groupies, darum dreht er alle Regler bis zum Anschlag auf. Der Bassist hingegen muss sich nicht mit Solos beweisen, er weiß um seinen Stellenwert und legt deshalb auch keinen Wert darauf, ständig im Rampenlicht zu stehen. Er braucht die Bestätigung von außen nicht, weil es für ihn klar ist, dass ohne ihn sowieso nichts läuft. Er weiß, was er kann, lässt es aber nicht raushängen, indem er sich einen auf seine Bassläufe runterholt. Darum sind Bassisten die besseren Menschen.«

»Und wenn der bessere Mensch auf einmal Schlager produziert?«

»Dann muss ich meine Theorie vielleicht noch mal überdenken.«

Günther biegt auf eine schmale Straße ab, die uns geradewegs durch frisch gedüngte Felder führt. Wir beschuldigen uns gegenseitig, die Ursache des Gestanks zu sein, öffnen die Fenster, schließen sie aber sofort wieder, da uns die herbe Landluft ein paar olfaktorische Watschen auflegt, Günther fummelt schließlich einen neuen

Duftbaum aus dem Handschuhfach und hängt ihn zum alten an den Rückspiegel. Damit ist die Sache für ihn erledigt.

Das Gemisch aus Mist, Tannenzapfen und Günthers aufdringlichem Aftershave verbrennt mir die Nasenhaare. Ich frage mich, warum der Typ eigentlich so penetrant nach Aftershave riecht, obwohl er gar nicht rasiert ist.

»Warum riechst du eigentlich so penetrant nach Aftershave, obwohl du gar nicht rasiert bist?«

»Das ist der Duft der Männlichkeit, Oida. Frauen fahren wahnsinnig darauf ab, das kannst du mir glauben. Das Aftershave signalisiert glatte Haut, der Dreitagebart bringt sie dann total aus dem Konzept, als ob ich mich soeben rasiert hätte und der Bart in Sekundenschnelle wieder nachgewachsen wäre. Allein schon hormonell gesehen macht mich das zum perfekten Sexualpartner.«

Ich atme durch den Mund.

Wir nähern uns dem Bauernhaus mit riesigem Stall, aber es sind weit und breit keine Tiere zu sehen. Ein dumpfer Beat dringt aus dem alten Gemäuer und zeigt uns, dass wir an der richtigen Adresse gelandet sind. Wir haben uns nicht angekündigt, sondern haben vor, einfach bei Branko reinzuschneien und ihm die irrwitzige Idee der Reunion zu unterbreiten. Ich drücke auf die Klingel. Wir warten, aber nichts rührt sich. Günther schaut um die Ecke und winkt mich zu sich. Wir gehen um das Haus herum und folgen dem lauter werdenden Beat. Ist das Techno? Durch die Stalltür kommen wir in einen Raum, der früher die Milchkammer gewesen sein muss. Ich folge Günther und plötzlich stehen wir in einem Tonstudio, auf das von außen bis auf den Lärm nichts hingedeutet hat.

Die Musik stoppt abrupt. Branko springt auf, geht in Kampfstellung wie ein routinierter Boxer und wirkt dabei gleichzeitig bedrohlich und absurd. Er geht auf uns Eindringlinge los und deutet einen Schlag in Günthers Magengrube an. Kurz bevor er einen Treffer landet, bremst er ab und lacht. Seine Faust streift Günther trotzdem, ein bisschen zu fest, als dass es als freundschaftlicher Klaps interpretiert werden könnte.

»Ihr wisst schon, dass ich Einbrecher töten darf.«

Während Günther sich auf den Boden setzt und »Oida« flucht, umarmt mich Branko und klopft mir auf die Schulter. Er sieht gut aus in seinem Fred-Perry-Poloshirt, auftrainiert und braungebrannt, sichtlich gesettelt und erfolgreich. Der Bart verleiht ihm etwas von diesen geläuterten Gangsta-Rappern, die die Straße hinter sich gelassen haben. Branko deutet an, auf Günther einzutreten, dann reicht er ihm die Hand und hilft ihm hoch.

»Na, du Arschloch?«

Günther reibt sich den Bauch und sagt: »Du kannst froh sein, dass ich dir nicht deinen Teppichboden vollkotze.«

Zwischen den beiden gab es schon früher Reibereien, ich hoffe, das ist Schnee von gestern.

»Was führt euch in mein Reich?«

»Wir wollten mal sehen, was du so treibst. Man hört ja die allerschlimmsten Gerüchte.«

Branko zeigt auf die Goldenen Schallplatten an der Wand und sagt: »Die sind alle wahr.«

Er macht den Sound wieder an und zeigt uns, woran er gerade arbeitet. Ein Beat für eine junge Sängerin aus Deutschland, ja, manche würden das als Schlager bezeichnen, im Grunde sei es Popmusik, auch nichts anderes als das, was Lady Gaga oder Taylor Swift fabrizieren, nur eben mit seinen geilen Sounds aus dem ehemaligen Kuhstall. Den Bass hat er selber eingespielt, den Rest macht er mit Midi-Keyboards und Plugins, am Ende muss nur noch drübergesungen werden, dann schraubt er noch ein bisschen herum und fertig ist der nächste potenzielle Hit.

»Wenn man heutzutage in diesem Business erfolgreich sein will, muss man dazu fähig sein, jeden Tag einen Hit zu produzieren. Da reicht es nicht mehr, alle drei Jahre ein Album rauszubringen. Manche Songs gehen in der unfassbaren Masse an Neuerscheinungen unter, der eine oder andere schlägt ein, wenn man Glück hat. Ist schon ein geiles Gefühl, wenn einer meiner Künstler durch die Decke geht.«

»Du bezeichnest diese Tussis und Lackaffen also als Künstler?«, fragt Günther.

»Der wahre Künstler bin ich, keine Frage«, sagt Branko, mit halb gespielter, halb echter Arroganz.

»Aber ich würde mich nicht in die Stadeln und Messehallen stellen, da braucht es junge Talente, die sich nicht zu schade sind für Playbackauftritte und Schlagerparaden. Es ist ein hartes Business, aber immer noch das Genre, wo die meiste Kohle zu machen ist. Wer kauft denn noch CDs, abgesehen von Pensionisten und Nostalgikern?«

Günther ist von den Goldenen Platten und dem riesigen Mischpult sichtlich beeindruckt. Andererseits merkt man ihm an, dass er den Erfolg von Branko, gerade auf dem niederträchtigsten Gebiet, das die Musikindustrie zu bieten hat, verachtet. Sein Bauernhof und seine braungebrannte Haut, die Keyboards und die Poloshirts – alles Zeichen des Verrats. Des Verrats an einer Idee, die er, Günther, gekommen ist, aus den Niederungen der Vergangenheit emporzuheben, aus der Asche längst vergilbten Ruhms zu neuen Höhen zu führen. Er hebt zu einer Rede an:

»Schlager ist tot und du solltest…«

Branko unterbricht ihn, ohne von seinem Mischpult aufzuschauen.

»Erstens: Schlager ist zwar nicht hundertprozentig das, was ich immer machen wollte, aber tot ist er ganz bestimmt nicht, er riecht noch nicht mal nach Tod, kein bisschen. Zweitens: Ich weiß, warum ihr hier seid.«

Er dreht sich um.

»Ich hab für Johnny Obstler ein paar Tracks gemischt, da sind wir auf die Tour zu sprechen gekommen. *Superschnaps* hat gerade einen Mega-Lauf. Wenn wir uns da nicht dranhängen, wären wir schön blöd. Und zu viel Schlager ist auch nicht gesund, weiß ich eh. Punk war immerhin das Beste, was uns damals passieren konnte. Alles schon geklärt, ich bin dabei.«

Günther lässt sich auf die Couch fallen.

Branko spielt den Beat in voller Lautstärke ab.

»Fehlt nur noch der Hansi.«

ALS DIE WELT NOCH EINE SCHEIBE WAR

Es gab eine Zeit vor dem Punk, aber die ist kaum der Rede wert.

In der grauen Urzeit war nicht viel los, Fußball spielen zwischen Maulwurfshügeln und Kuhmist, ein ausgebüxtes Schwein, das in die Klärgrube gefallen und dort elendiglich ersoffen ist, Trachtenmusikkapelle, endlose Langeweile.

Und dann war auf einmal alles anders.

Punk ging über Leichen: Die Musik im Radio klang auf einmal lasch und verlogen, der Nebel jugendlicher Ignoranz lichtete sich, mein bisheriges Leben wurde der Lächerlichkeit preisgegeben. Plötzlich hatte man etwas in der Hand gegen Eltern und Lehrer, gegen die Erwachsenen im Allgemeinen, eine Waffe, die nie an Schneid verliert, ein Geschenk, das nie aufhört zu geben. Das schwarz verschlammte Schwein war mein altes Ich. Es grunzte und schrie noch eine Zeit lang, fast wie ein Mensch, aber es dauerte nicht lange und die Kacke schlug dampfend über ihm zusammen und begrub es für immer. Punk räumte alles aus dem Weg, was davor existiert hatte, und erschuf eine neue Welt. Er gab uns ahnungslosen Kindern eine Weltanschauung in die Hand, die, wenn man sie erst einmal kapiert hat, erfrischend einfach ist. Mach was du willst, erhebe deine Stimme, lebe im Moment.

Punk gab's natürlich schon länger, aber für die erste Welle waren wir zu jung. Die war längst verebbt, bevor sie bei uns ankommen konnte. In Salzburg gab es zwar ein paar Punker, die am Grünmarkt oder am Hanuschplatz herumlungerten, an ihrem Dosenbier nuckelten und die Passanten um Kleingeld anbettelten, aber das waren für uns Junkies mit bunten Haaren. Die hatten auf den ersten Blick wenig gemein mit den Bands der zweiten, dritten Welle, sie verachteten uns naive Kiddies und wir hatten keine Lust, uns überhaupt mit ihnen auseinanderzusetzen.

Der Hansi und ich gingen gemeinsam in die Schule. Austria Salzburg war gerade auf dem Weg, Meister zu werden, als wir anfingen, mit dem Fußballspielen aufzuhören. Wir hatten das diffuse Gefühl, dass dies das Ende einer Ära war, es gab aber noch nichts, was unsere verlorengegangene Begeisterung für Sport ersetzen konnte. In dieses Niemandsland der Adoleszenz drang Punk ein wie Stürmerstar Heimo Pfeifenberger in den gegnerischen Strafraum.

Unser Erweckungsjahr war nicht das Punkjahr 1977, unser Jahr war 1994. Die Offenbarung kam aus der Stereoanlage von Lexei, Hansis großem Bruder. Er war der erste Skater, den ich kannte, und da er einige Jahre älter war als wir und im Plattenladen jobbte, hatte er nicht nur genug Geld für die neuesten CDs, sondern saß noch dazu direkt an der Quelle. *Green Day* – »Dookie«, *The Offspring* – »Smash«, *NOFX* – »Punk in Drublic«. Das waren unsere Einstiegsdrogen in die wunderbare Welt des Lärms. Den Hype um *Nirvana* ein paar Jahre davor hatten wir nur vage mitbekommen, darum verstanden wir auch nicht, warum Lexei so betroffen war, als Kurt Cobain beschloss, seine Karriere zu beenden. Wir nahmen davon fast keine Notiz, weil wir zu sehr damit beschäftigt waren, in die unendlichen Weiten des Punkuniversums vorzudringen. Über »Stranger Than Fiction« von *Bad Religion* kamen wir auf *Pennywise* und *Rancid*, »… And Out Come the Wolves« ein Jahr später war ein weiterer Meilenstein unserer musikalischen Selbstfindung. Von da an arbeiteten wir uns rückwärts an die Klassiker heran, entdeckten die *Ramones, The Clash, Stiff Little Fingers*. In den Fanzines, die der Hansi von Lexeis Schreibtisch fladerte, breitete sich eine Welt vor uns aus, von deren Existenz wir bis vor Kurzem keine Ahnung gehabt hatten. Unser gesamtes Taschengeld ging drauf für CDs, die T-Shirts besprühten wir selbst – mit Autolack und aus Pappkarton ausgeschnittenen Bandlogos.

Als *Green Day* dann im Radio lief, waren wir jugendlichen Snobs schon längst bei *Propagandhi* und den *Dead Kennedys* angelangt. Wenn etwas auch nur am Mainstream schrammte, war es nicht mehr gut genug für uns. Wir standen zwar auf Partymusik, wollten aber auch politischen Aktionismus und Provokation. Unsere Helden waren nicht mehr Fußballer wie Otto Konrad oder Nikola Jurčević, sondern Tim Armstrong, Jello Biafra und Henry Rollins. Es gab auch Bands, die auf Deutsch sangen, aber die fand ich zum Großteil lausig. Das lag wohl daran, dass ich deutsche Texte mit Schlager assoziierte und die meisten meiner Lieblingsbands aus Kalifornien kamen. Das Skatepunk-Lebensgefühl ließ sich kaum mit der Sprache von Goethe, Hitler und Heino vereinen. Jedes neue Album war ein Schatz für uns, jede Scheibe eine neue Welt. Lexei hatte uns einen kleinen Anstoß gegeben, als »Dookie« aus seinem Zimmer dröhnte, aber schon bald waren wir der Motor dieser Arbeitsgemeinschaft *Punk in der Provinz*. Wir hatten stapelweise CDs zu Hause, waren aber noch immer nicht auf einem Konzert gewesen. Für uns lag es auf der Hand: Wenn die Bands nicht zu uns kamen, mussten wir selber eine gründen. Dass wir weder singen konnten noch die passenden Instrumente beherrschten, hielt uns nicht davon ab, das Kinderzimmer vom Hansi zum Proberaum zu erklären. Er spielte Flügelhorn in der Trachtenmusikkapelle, ich hatte mich für kurze Zeit an der Blockflöte abgemüht, da konnte es doch nicht so schwierig sein, der alten Gitarre meiner Mutter ein paar Akkorde zu entlocken. Mehr als drei waren nicht nötig, das wussten wir. Anfangs spielte der Hansi Gitarre und ich sang, bis meine Stimmbänder nur noch ein Krächzen hervorbrachten. Wir performten unsere Lieblingssongs, fingen an, bis wir nicht mehr weiterwussten, dann gingen wir zum nächsten über, spielten keinen Song vom Anfang bis zum Ende, sondern immer nur Ausschnitte, hier ein holpriges Intro, da ein überschwänglicher Refrain, ohne Taktgefühl oder gar Intonation, ein furchtbares Medley der Inkompetenz. Wir fühlten uns wie die Größten.

DER HANSI

Keiner von uns hat den Hansi in den letzten Jahren zu Gesicht bekommen. Branko hat etwas gehört von einer Hochzeit und einem Haus im Speckgürtel der Stadt. Günther hat recherchiert und berichtet von einer Start-up-Erfolgsgeschichte, irgendeine App, so genau weiß er das jetzt auch nicht, jedenfalls hat der Hansi die Firma verkauft und sich dabei ein goldenes Näschen verdient. Jetzt arbeitet er am nächsten großen Ding, das hat Günther in einem Wirtschaftsmagazin gelesen. Ich weiß nicht, was mich mehr wundert, dass Günther so was liest oder dass der Hansi es tatsächlich geschafft hat.

Der Hansi war nicht immer der Hansi, das ist etwas kompliziert. Auf seiner Geburtsurkunde steht Johann Klostermann, aber seine Eltern hatten ihn von Anfang an Hansi genannt, in der Absicht, ihn später, wenn er dem Hansi-Stadium entwachsen war, Johann oder zumindest Hans zu rufen. Dazu kam es nie. Als wir anfingen, gemeinsam Musik zu machen, wurde sein Alter Ego Hänsi geboren. Der Hansi wurde zu Hänsi, wenn er auf die Gitarre einschlug, bis die Finger bluteten, oder wenn er genug getrunken hatte, um seine Schüchternheit abzulegen, was meistens in Kombination geschah. Hänsi wird mit Anarchozeichen und zwei Hörnern auf dem A geschrieben, so stand es hinten auf seiner Lederjacke. Als wir Jahre später auf Tour in Deutschland waren und Jennifer Lopez die Charts eroberte, tauften wir ihn kurzerhand um. Als Anspielung auf J.Lo nannten wir ihn nun K.Lo. Kay-Lo, das Klo, Klostermann. Bei uns anderen war die Sache einfacher. Branko war Branko, das klang sowieso wie ein Künstlername, und Günther wechselte seine Namen so oft, dass wir ihn einfach Günther nannten. Ich war FX, das ist die Abkürzung von Franz-Xaver, auf Englisch ausgesprochen. Das mit den Künstlernamen war so ein Ding damals, nicht dass wir uns als Künstler verstanden hätten, aber das gehörte irgendwie dazu.

Günthers Ford hat kein Navi und sein Tastenhandy keinen Internetzugang. Er verbietet mir, mein Smartphone zu benutzen, um die Adresse zu finden, denn er sieht sich als urbanen Navigator, der dank Intuition und Himmelskunde jedes Ziel erreicht, ohne moderne Hilfsmittel zu gebrauchen.

»Früher hatten wir wenigstens eine Straßenkarte.«
»Ja, für Italien oder Tschechien. Ich hab auch dich und Branko aufgespürt, das ist keine Raketenwissenschaft, Oida.«
»Mit Navi wären wir schon da.«
»Ich bin das Navi. Und vergiss nicht: Der Weg ist das Ziel.«

Der Weg führt uns durch einen Vorort im Süden der Stadt, vorbei an Villen mit riesigen Gärten, Designerbauten am Hang, dazwischen Einfamilienhäuser mit Doppelgarage, alles eingezäunt und abgeschottet.

»Das Ziel ist ja immer nur ein vorläufiges. Und alle Ziele zusammen sind der Weg, weißt du, was ich meine?«

Ich nicke, Günther biegt mehrmals ab und ich habe das Gefühl, dass wir uns im Kreis bewegen. Er wirkt in seiner Planlosigkeit völlig souverän. Als eine Frau am Straßenrand auftaucht, steigt er auf die Bremse und kurbelt das Fenster runter. Er fragt nach dem Weg und erhält als Antwort nur ein Schulterzucken.

»Und natürlich gibt es Rückschläge und Irrfahrten, die gehören dazu, stell dir vor, wie langweilig das wär, man fährt irgendwo los und kommt irgendwo an und dazwischen passiert«, er macht tatsächlich eine Kunstpause, »gar nichts.«

Jetzt fährt er im Schritttempo und schaut angestrengt nach links und rechts.

»Jetzt und hier findet das Leben statt, Oida. Gewöhn dich dran, das ist das neue Nomadentum. Darum fahr nie von A nach B, sondern von A nach Z, dann hast du zig Abenteuer unterwegs.«

»Ich könnte mir größere Abenteuer vorstellen, als eine Passantin nach dem Weg zu fragen.«

»Manchmal artet das in größere Abenteuer aus, als du denkst.«

Er bremst erneut und biegt in eine Seitenstraße ab. Als er anhält, sehen wir den Hansi mit einem Gartenschlauch in der Hand, er trägt Badeshorts und wässert den Rasen. Hinter einem respektablen Pool erhebt sich ein schneeweißes Gebäude mit Flachdach und Sonnenkollektoren.

»Das gibt's ja nicht«, sagt der Hansi.

Er dreht das Wasser ab und für einen kurzen Augenblick erscheint ein Regenbogen über den violetten Geranien, ein magischer Moment.

Bis Günther aus dem runtergekurbelten Fenster brüllt:

»Hey, Kay-Lo, altes Häusl!«

Der Hansi dreht das Wasser wieder auf und erwischt Günther mitten im Gesicht.

Wir sitzen am Esszimmertisch und essen Kuchen, Günther ist oben ohne und mit seinem Handtuch sieht er aus wie beim Saunieren. Wenn er jetzt noch einen Witz darüber reißt, dass er in die »Kay-Lo-Spülung« geraten sei, können wir die Sache vergessen.

Wir nennen ihn Hansi, aber genaugenommen sitzt uns ein Typ namens Johann gegenüber. Er ist verheiratet und leicht ergraut, seine Einbauküche ist mehr wert als mein gesamter Hausrat. Er wirkt gestresst und ausgelaugt, trotz Home-Office und Swimmingpool. Fotos mit Frau und Kindern säumen die Wand, die (die Fotos und die Kinder) sie (Monika) in die Ehe mitgebracht hat. Viktoria und Oliver gehen auf eine Privatschule, Monika ist Juristin, er ein respektabler Bürger der Gesellschaft. Wahrscheinlich spielt er in seiner Freizeit Golf. Das Anarchozeichen und die Teufelshörner sind aus seinem Namen verschwunden, Johann schreibt man so, wie man es spricht, ohne besondere Eigenschaften oder Überraschungen.

Der Gang zum Klo ist auf beiden Seiten mit Vitrinen gesäumt, in denen Schuhe wie Trophäen aufgereiht sind. Sneaker in allen Farben und Formen, so sauber, als wären sie noch nie getragen worden. Mehr Kunstsammlung als Schuhschrank, hat sich die Sammelleidenschaft vom Hansi scheinbar zum Fetisch ausgewachsen.

»Wirklich schönes Anwesen, Hansi«, sagt Günther. Dann wendet er sich an mich:

»Der feine Herr residiert auf seinem Landsitz und frisst Kuchen, während wir uns jahrelang mit Brot begnügen müssen, er hockt da in seinem feinen Zwirn und ich hab nicht mal ein Leiberl an.«

»Wer kann, der kann«, sagt der Hansi. »Und das ist kein Kuchen, Günther, das ist ein Petit Four.«

Günther betrachtet das Teil in seiner Hand von allen Seiten. Ich mische mich in das Gespräch ein: »Wenn sie keinen Kuchen haben, sollen sie doch Petits Fours essen.«

»Seid ihr da, um mich zu verarschen oder wollte Günther einfach eine Gratisdusche?«

Keiner sagt was, wir schauen uns an und grinsen. Warum sollen wir schon da sein.

»Das ist jetzt nicht das Start-up, das ich im Sinn hatte, aber scheiß drauf, ich mach mit.«

Wie mit seinen messerscharfen Riffs an der Gitarre kann er uns mit seiner Entschlossenheit immer noch in Staunen versetzen. Solange es WLAN gebe, könne er überall arbeiten. Jeden Tag in den Pool zu springen sei eh langsam fad geworden. Das mit den Kindern bekomme er schon irgendwie geregelt.

Günther holt sich ungefragt weitere Petits Fours von der Etagere und erstickt fast, als er sich alle auf einmal in den Mund stopft.

Wir sind wieder vollzählig.

ALLER ANFANG TUT WEH

Unseren ersten Auftritt hatten wir im Dezember '96. Wir spielten nun schon länger gemeinsam, waren aber alles andere als bereit, unsere sogenannten Songs einem Publikum zu präsentieren. Einem wohlwollenden vielleicht, aber die aufgedrehten, gewaltbereiten Besucher des Krampuskränzchens an der Talstation des Skilifts versprachen ein Debüt mit ungewissem Ausgang. Kränzchen klingt nach alten Damen, die gemütlich Kekse in ihren Verlängerten tunken, aber der Diminutiv täuscht. Es sollten sieben Krampuspassen kommen, eine Pass bestand aus circa fünfzehn berauschten jungen Männern, die in Fellanzügen und hinter Holzlarven versteckt willkürlich Schläge verteilten, was nicht selten in eine Rauferei ausartete. Günther kannte einige der Burschen aus der Berufsschule. Nachdem er überschwänglich von seiner Band geschwärmt hatte, durften wir als Vorband der *Alpenmachos* herhalten, jener Schlagertruppe, die den bunten Abend der Brutalität beenden würde. Das Highlight der Veranstaltung sollte die Show der Gabaleros-Pass sein, die mit Pyrotechnik, Lichteffekten und atemberaubenden Stunts ein Spektakel der Sonderklasse versprach. Traditionsbewusst arbeiteten die Mitglieder des Krampusvereins wochenlang Choreografien aus, schmückten ihre Traktoren mit Tannenzweigen und Kunstblut und brachten ihre Kostüme auf Vordermann, um die leere Zeit zwischen Spätsommer und Weihnachten sinnvoll zu nutzen. Der dabei anfallende Bierverbrauch ging in die Hektoliter und wurde aus dem Kunst- und Kulturtopf der Gemeinde bezahlt.

Das Gelände war mit Absperrgittern umzäunt. Der Eintritt kam mir relativ hoch vor, besonders wenn man daran denkt, dass Leute freiwillig Geld dafür bezahlten, gnadenlos verdroschen zu werden. Bei den größeren Krampusläufen in der Gegend war die Chance, ernsthafte Verletzungen davonzutragen, noch größer. Damals war noch keine Rede von Sicherheitsvorschriften oder Alkoholverbot, und wenn, dann wurden sie nur halbherzig empfohlen. Ein Vollrausch war immer noch ein Kavaliersdelikt, rohe Gewalt ging als althergebrachtes Brauchtum durch. Erst Jahre später wurden aufgrund von Rippenprellungen, Platzwunden und Knochenbrüchen die rabiatesten Passen verboten, jeder Krampus bekam eine Nummer an den Gürtel geheftet, die ihn im Falle einer unerfreulichen Episode eindeutig identifizierbar machte, es gab Alkotests und Ordner, die für Sicherheit sorgten. Davon waren wir im Dezember '96 noch weit entfernt.

Im Bierzelt wäre es saukalt gewesen, wäre es nicht prall gefüllt zum Hexenkessel mutiert. Die kulinarische Versorgung bestand laut Aushang aus »Sausemmeln«, Glühwein und Bier – mehr war nicht nötig für ein rauschendes Fest am Fuße des Berges. Günther, der Hansi und ich warteten im Backstagebereich, einem provisorischen Verschlag hinter der Bühne zwischen Laderampe und gelbem Schnee, auf den Beginn des Events. Günther war erst seit ein paar Monaten mit von der Partie, der Hansi kannte ihn von der Trachtenmusikkapelle, wo Günther mit der kleinen Trommel in der letzten Reihe marschierte. Wir hatten noch nie vor Publikum gespielt, für uns war es jedoch überhaupt keine Frage, dass die Leute in Jubelgeschrei ausbrechen würden, schlicht und einfach, weil wir so genial waren. Wir würden Punkrock in dieses Kaff bringen und alle würden dankbar auf die

Knie gehen, war doch klar. Trotzdem rauchte Günther eine Tschick nach der anderen und wir tigerten auf und ab – natürlich nicht, weil wir nervös waren, sondern um uns aufzuwärmen. Unsere Instrumente standen schon auf der Bühne, Günther durfte das Drumset der *Alpenmachos* benutzen, sofern er nichts verstellte und nicht zu hart darauf einschlug. Wir mischten uns unter das erwartungsvolle Publikum, um den Aufmarsch der Passen hautnah mitzuerleben.

Schwere Traktoren mit Anhängern fuhren vor, die Krampusse droschen gegen die Ladewände und schepperten mit ihren Schellen, sie brüllten wie tollwütige Tiere und man hatte vor lauter Schiss gar keine Zeit zu begreifen, dass hier einfach ein Dutzend Teenager im Vollrausch Verkleiden spielte. Sie stolperten von der Ladefläche, und ein Gestank wie aus der Hölle verbreitete sich, herbe Noten Ziege und Ruß vermischten sich mit den alkoholischen Ausdünstungen der Krampusse und dem Angstschweiß der Masse. Ohne zu zögern begannen sie auf die Leute in der ersten Reihe einzuschlagen. Dazu benutzten sie Kuhschweife und Birkenruten. Vom Traktor aus warf jemand Asche in die Menge, Kindern wurden die Mützen vom Kopf gerissen und weit nach hinten geschleudert. Junge Männer schoben ihre kreischenden Freundinnen nach vorne und die Krampusse nahmen dieses Geschenk freudig an, indem sie ihnen ordentlich den Arsch versohlten. Wir zogen uns ins Zelt zurück und warteten auf die Show. Günther trommelte mit den Fingern auf dem Biertisch und ich ging die Texte durch, wobei mir der Hansi gut zuredete, es sei sowieso egal, was ich singen würde, weil niemand die Songs kannte und die Texte bei der schwammigen Akustik im Zelt ohnehin nicht zu verstehen waren. Das beruhigte mich etwas. Im Notfall würde ich einfach wahllos Silben aneinanderreihen, und bei den Akkorden klappte es sicher auch auf dieselbe Weise. Wenn der Song beim nächsten Mal etwas anders klang, würde das bestimmt keinem auffallen. Als Newcomer hatte man es denkbar leicht.

Das Licht ging aus und aus den Boxen ertönte »Hells Bells« von *AC/DC*. Rotes Licht durchzuckte das Zelt, Nebel stieg auf und Knecht Ruprecht trat ans Mikrofon und erzählte mit tiefer Stimme von wilden Teufeln, die sich sogleich von beiden Seiten auf die Bühne abseilten. Auch der Nikolaus, der mehr einem Zombiebischof glich, rutschte unbeholfen nach unten. Dann gab es Rauchbomben, bengalische Feuer, mehr Musik aus der Hardrockhölle, freizügige Engel und vereinzelte Handgreiflichkeiten. Die Leute in der ersten Reihe steckten Schläge ein, sie wollten wohl möglichst viel für ihr Geld bekommen. Der Nervenkitzel gehörte dazu, Schmerz war Teil des Programms, um für die angehäuften Sünden des Jahres zu büßen. Wir froren im Backstagebereich, während die *Alpenmachos* in ihrem hochmodernen Nightliner hockten und kalte Platten mit Aufschnitt und Weintrauben verzehrten. Die Schlagerfuzzis hatten das Catering vertraglich vereinbart, wir hatten nicht einmal einen Vertrag. Also begnügten wir uns mit Glühwein aus Plastikbechern und einer Sausemmel pro Kopf und schimpften über die Luschen in ihrem geheizten Bus. Als wir schließlich auf die Bühne traten, waren alle Zuschauer heillos betrunken. Die Stimmung war komplett am Kochen, wir hatten unsere kleinen Verstärker bis zum Anschlag aufgedreht. Ich war doch nervöser als gedacht. Wir spielten ohne Bass, dafür mit zwei Gitarren. Günther zählte ein und wir legten los.

Ein schiefer Akkord ließ die Menge innehalten, alle Blicke richteten sich auf uns. Wir spielten ein schnelles Riff, und als ich zu singen begann, blendete ich aus, dass wir uns auf einem winterlichen Krampuskränzchen befanden, und stellte mir einen Skatepark in Südkalifornien vor. In der Bridge hatte ich Gelegenheit, mich zu Günther umzudrehen. Wie ein Berserker schlug er auf die Trommeln ein, auch der Hansi neben mir hatte sichtlich Spaß. Der erste Song war nach knapp eineinhalb Minuten zu Ende, wir hängten ohne Pause gleich die zweite Nummer dran und dann noch eine dritte. Der Schlussakkord klang noch schräger, unsere Gitarren verstimmten sich immer mehr, aber ich war mir sicher, dass das niemandem auffiel. Das Publikum reagierte anders als erwartet. Zuerst war es ruhig, dann fingen die ersten Betrunkenen an, Buhrufe auszustoßen. Einige verlangten Covers von *Guns 'n' Roses* oder *Kiss*, sie wollten Hardrock oder klassische Rockmusik, was wir ihnen weder bieten konnten noch wollten, stattdessen bekamen sie drei schlampige Akkorde und Geschrei vor die Füße gerotzt.

Es half nichts: Um die angespannte Stimmung aufzulockern, spielten wir weiter. Schon beim Intro des nächsten Songs wurde mir klar, dass ich die Gitarre doch nachstimmen hätte sollen. Meine Finger waren steif, die Lederjacke, in der ich steckte, war zu klobig, um mich frei zu bewegen, ich fühlte mich wie in einer Zwangsjacke, die sie uns mit Sicherheit bald anlegen würden, wenn sie uns drei Gestörte nach dem Auftritt ins Irrenhaus steckten. Wer in aller Welt stellt sich freiwillig vor die Anhänger der Gabaleros Pass und singt über Themen wie Skateboarden oder den Krieg in Jugoslawien – und das auch noch auf Englisch und schrecklich dissonant. Kein Wunder, dass wir völliges Unverständnis ernteten. Wir waren Teenager, die ihre Instrumente kaum beherrschten, Fremdkörper in diesem Bierzelt, die vor der Kälte geflüchtet und unter die Planen gekrochen waren, um den Hacklern ihren Wochenendspaß zu verderben, indem sie ihnen die Gehörgänge zerstörten. Drei Kinder tanzten tatsächlich vor der Bühne, ihre Bewegungen sahen aus wie eine Urform des Pogo, ein unmissverständlicher Beweis, dass Slamdance tief in der menschlichen DNA verankert ist und instinktiv zum Vorschein tritt, wenn die passende Musik erklingt. Wir erweckten die Tänzer in schüchternen Halbwüchsigen zum Leben und die Vandalen in vernünftigen Familienvätern. Denn über die springenden Kinder hinweg flogen nun neben Bechern und halb verzehrten Sausemmeln auch vereinzelte Bierflaschen, die zwischen uns am Boden zerschellten. Endlich schafften wir es, tatsächlich mal jemanden zu provozieren. Meine Stimme wurde immer heiserer, abgeranzter, und ich feierte innerlich, dass ich nun noch mehr wie meine Lieblingssänger klang.

Nach zwei weiteren Songs gab uns einer der Veranstalter das unmissverständliche Zeichen, dass unser erster Auftritt jetzt zu Ende war. Während er noch immer mit den Armen fuchtelte, beeilten wir uns, von der Bühne zu kommen und unser Zeug in Sicherheit zu bringen. Das Publikum war zwiegespalten, die eine Hälfte drohte uns mit den Fäusten, die andere war einfach nur froh, dass es vorbei war. Als wir verschwitzt in die Kälte stolperten und die Gitarren im Kofferraum des Renault verstauten, stiegen die *Alpenmachos* gemütlich aus ihrem Nightliner. Ihre Roadies hatten sich um die Technik und die Instrumente gekümmert, sodass die Band lässig auf die Bühne spazieren konnte. Aus dem Zelt hörte man die Menge ihren Namen skandieren. Sie kamen an uns vorbei und blickten verächtlich auf uns herab. Wir freuten uns schon darauf, zu sehen, wie Bierflaschen auf ihren Köpfen zerplatzen würden, und beobachteten ihren Gig vom Backstagebereich aus. Der Sänger fragte durchs Mikrofon, ob alle gut drauf seien, und klang dabei wie ein gut gelaunter Radiomoderator um sechs Uhr morgens, und ab diesem Moment hatte er das Publikum in seiner Hand. Endlich gab es Musik, die den Leuten gefiel,

»Ia-ia-ia-o« zum Mitjohlen und den Klassiker »Ein Prosit der Gemütlichkeit« als fünf-minütliche Erinnerung an das halbvolle Bier in den Händen. Aus der gefährlichen Masse wurden handzahme Schunkler, die sich heiter in ihren Vollrausch wiegten wie ihre Babys mit Schnapsschnuller zu Hause. Wir hassten die Band augenblicklich, mussten aber neidlos anerkennen, dass sie wussten, wie man die Zuschauer begeisterte. Nach dem dritten oder vierten Prosit hatten wir genug gesehen.

Neben dem Nightliner wirkte unser Renault Rapid wie ein Fahrrad mit Stützrädern. Die Nacht war sternenklar und klirrend kalt. Wir stellten uns in einer Reihe auf, um den *Alpenmachos*-Schriftzug mit unserem Urin zu besudeln, das war das Mindeste, was wir tun konnten. Wir bemühten uns, den Strahl hoch anzusetzen, um dem Bus eine möglichst großflächige Dusche zu verpassen. Wenn die *Alpenmachos* morgen in ihrem Nightliner aufwachten, sollten sie die Welt durch unsere gefrorene Pisse sehen, an den Fenstern ein grindiger Film unserer Wertschätzung. Das hatten wir mindestens so gut hingebracht wie unseren ersten Auftritt. Auf High-Fives verzichteten wir trotzdem.

Günther hatte seine Drumsticks liegen lassen, also warteten der Hansi und ich beim Auto. Kurz darauf stürmte Günther aus dem Zelt, gefolgt von mehreren Krampussen, er rutschte auf dem eisigen Untergrund aus und zwei der Gestalten stürzten sich auf ihn. Als die anderen uns erblickten, liefen sie auf uns zu, mit unseren Turnschuhen kamen wir nicht weit und bekamen ihre Kuhschweife ebenfalls zu spüren. Einer packte mich am Genick und nahm mich in den Schwitzkasten, ein zweiter holte zigmal aus und ließ seine Rute auf mich niederpfeifen. Immer mehr kamen aus dem Zelt, um an dem ungleichen Schlagabtausch teilzunehmen. Einige machten sich noch nicht einmal die Mühe, ihre Larven aufzusetzen. Meine Schenkel brannten vor Schmerz, neben mir hörte ich den Hansi wimmern, auch Günther wehrte sich mit Händen und Füßen, aber sie waren in der Überzahl. Wir hatten keine Chance.

Am nächsten Morgen hatte ich Striemen am ganzen Körper. Ich konnte kaum aufstehen, die blauen Flecken auf meinen Oberschenkeln würden sich bald gelb und grün verfärben. Auch mein Gesicht war ganz verschwollen. Es klingelte, ich öffnete die Tür.
Da stand ein Gastarbeiterjunge, den ich vom Sehen aus der Schule kannte, Danko oder so ähnlich.
»Ihr braucht einen Bassisten«, sagte er im Dialekt mit jugoslawischem Akzent.
»Nein, danke.«
»Das war keine Frage. Ihr braucht einen Bassisten.«
»Okay.«

ROKNROL

Ich schalte das Licht in meinem Kellerabteil ein. Es flackert, breitet sich dann als schwacher Kegel über dem Zeug aus, das sich über Jahre angesammelt hat und das ich genauso gut gleich auf den Sperrmüll hätte verfrachten können. Hinter all den Kartons und Möbeln muss er irgendwo sein. Es riecht nach Moder und Mäusedreck. Ich grabe mich nach hinten durch und dann leuchten mir die bunten Aufkleber auch schon entgegen. Ich habe den Gitarrenkoffer stolz mit Stickern der Bands beklebt, mit denen wir die Bühne teilten, so ergab sich ein mehrschichtiges Mosaik aus Logos und Erinnerungen, ein Gästebuch der guten alten Zeit. Daneben stehen mein alter Verstärker und die Marshall-Box, bedeckt von einem Leintuch und einer Plane, um die Feuchtigkeit zumindest einigermaßen fernzuhalten. Ich ziehe den Koffer raus und lege ihn auf eine Kommode. Als ich den Staub von den Stickern wische, kommen Erinnerungen in mir hoch, jeder einzelne ein Konzert vor vielen Jahren, wie ein Mahnmal der Vergänglichkeit. Ich öffne die Schnallen und klappe den Deckel nach oben. Für einen kurzen Moment fühle ich, was Howard Carter gefühlt haben muss, als er die Grabkammer Tutanchamuns öffnete. Die Gibson Les Paul ist gut in Schuss. Sie könnte neue Saiten vertragen und etwas Öl für den Hals, einen Rundumcheck samt Politur. Endlich halte ich sie wieder in Händen, meine geliebte Paula. Ich habe damals einen ganzen Sommer gehackelt wie ein Blöder, um mir ein anständiges Instrument leisten zu können. Ich wollte etwas Schweres, Massives mit Substanz. All die Jahre habe ich nicht an sie gedacht, sie hier unten verstauben lassen hinter all dem Krempel. Gänzlich unverhofft störe ich ihre Totenruhe, damit hätte wohl auch sie nicht mehr gerechnet.

Die Gitarre nach oben zu bringen, ist kein Problem. Beim Verstärker und der Box frage ich mich, wie ich die überhaupt hier runterbekommen habe. Im Stiegenhaus kommt mir ein junger Kerl entgegen, den ich kurzerhand zur nachbarschaftlichen Unterstützung anwerbe. Erst zögert er, aber als er die Gitarre sieht, freut er sich, weil er, wie er sagt, selber auch Musiker sei. Ich frage ihn, welches Instrument er spiele und er sagt, er sei DJ. Ich hüstle. Zuerst nehmen wir den Amp. Der DJ wundert sich, wie schwer das Teil ist, mir kommt es auch so vor, als hätte der Amp über die Jahre an Gewicht zugelegt. Er sagt, er lege regelmäßig im City Club auf, bei ihm sei das weniger aufwendig, als Equipment brauche er lediglich seinen Laptop.

»Und einen Rucksack, um die Gage heimzuschleppen«, sagt er und zwinkert mir dabei zu.

Dann schieben wir die Box zur Treppe. Ob sich das finanziell auszahle, das sperrige Zeug durch die Gegend zu karren?

»Da muss wohl noch die Gage vom letzten Gig drinnen liegen, normalerweise ist das Ding leichter«, sage ich.

Er lacht kurz auf, dann faselt er was von den Vorteilen digitaler Lösungen, von Ampsimulationen und Leichtgepäck. Er zählt DJs auf, die seine Kunst beeinflussen, und ich gestehe, dass ich keinen der Namen jemals gehört habe. Im Erdgeschoss angekommen bin ich froh, ihn wieder los zu sein. Eine Minute später fällt mir ein, dass ich ihn hätte fragen sollen, ob er die *Smiths* kennt. Hätte beiläufig den Song »Panic« erwähnen sollen, meine Hauptquelle der Inspiration, wenn es um DJs geht.

»Burn down the disco...«, ihr wisst, wie's weitergeht.

Die erste Probe findet bei Branko im Stall statt. Im Aufnahmeraum ist alles vorhanden, was wir brauchen. Ein Drumset für Günther, verschiedene Verstärker, Brankos Bassamp. Der Hansi hat alle seine Gitarren verkauft, also nimmt er sich eine Telecaster, die hier im Studio herumsteht. Ich trage mein Zeug mit Günthers Hilfe hinein und kann meinen Mesa Boogie endlich von dem Case befreien. Vor zwei, drei Jahren war auch ich kurz davor, alles zu verscherbeln, ein Anflug von Sentimentalität hat mich im letzten Moment davor bewahrt. Branko verkabelt die Mikrofone und Monitorboxen, wir spielen uns ein und ich merke schon nach den ersten Akkorden, dass ich komplett eingerostet bin. Dem Hansi neben mir geht es ähnlich, den schrägen Tönen nach zu urteilen, die er seiner Tele entlockt. Nur Günther spielt einen anständigen Beat, schlägt gewohnt laut auf das feine Drumset, das er mit seinem grobschlächtigen Stil missbrauchen darf. Branko nimmt seinen Bass in die Hand und zupft einen Angeberlauf, der uns alle staunen lässt. Jetzt stehen wir also wieder im Kreis und schauen uns gegenseitig auf die Finger. Endlich kann ich die Göttin wirklich in mir spüren. *Pop ist tot* ist wieder am Leben! Branko schreit »Roknrol« und Günther zählt ein. Wir sind zurück im Geschäft.

Natürlich: Wir haben seit Jahren nicht zusammen gespielt. Und eh klar: Das hört man auch. Das anfängliche Hochgefühl ist etwas mau geworden, als der Hansi sein Solo versaut und wir uns komplett untight durch die Bridge schwindeln. Ansonsten war's meiner Einschätzung nach eine Sechs von Zehn, ganz okay. Branko spricht von einer mittelschweren Katastrophe und Günther ist einfach nur froh, wieder hinter einem Drumset zu sitzen und die Blüte seines Lebens erneut hochleben zu lassen.

»Wenn eine Band proben muss, hat sie schon verloren«, sagt Branko. »Vor uns liegt verdammt viel Arbeit.«

»Früher war das irgendwie einfacher«, sage ich und begutachte die malträtierten Fingerkuppen meiner linken Hand.

»Oida, stellt euch nicht so an. Das ist keine Arbeit, und wenn, dann ist es die beste Arbeit, die man sich vorstellen kann. Wir hatten's damals drauf und wir werden's wieder draufhaben. Wenn wir zusammenfinden, rein emotional, dann geht der Rest von ganz alleine. Außerdem machen wir Punkrock und keine Herz-OP.«

»Wäre trotzdem von Vorteil, wenn alle im selben Tempo spielen.«

»Easy, Oida. Versuchen wir's halt noch mal. Eins, zwei, drei, vier!«

Branko seufzt und haut in die Saiten.

Die Rauchpause verbringen wir im Hof. Günther und ich heizen uns eine an, der Hansi sagt, er rauche seit zwölf Jahren nicht mehr, und Branko hat in der Zwischenzeit auch nicht angefangen. Die Sonne gleitet langsam hinter die Scheune. Wir schweigen andächtig im Angesicht der goldenen Strahlen, die durch die Ritzen des Holzes dringen und auf uns zuschießen wie das Werk eines ausgefuchsten Lichttechnikers. Vögel zwitschern und Günther trommelt einen Beat auf den Latten der Bank, auf der er sitzt. Das ist so mit Drummern, sie klopfen ständig irgendwo einen Rhythmus und unterbrechen dabei die schönsten Momente der Stille, mit den Fingern, mit den Händen, mit den Füßen. Ob beim Autofahren am Lenkrad, auf Stiegengeländern, Tresen und Tischen oder auf die Oberschenkel, Günther hält nie still und hat permanent Musik im Kopf. Ich stell mir immer einen kleinen Affen vor, der unter seiner Schädeldecke sitzt und ununterbrochen im ¼-Takt auf die Gehirnwindungen einhämmert. Wie bei Homer Simpson, nur ohne diese Tschinellen, dafür mit Stäben aus Metall.

Wir reden darüber, was wir nach dem Ende der Band getrieben haben, rekapitulieren Umzüge, Beziehungen, Trennungen, Jobwechsel, Rückschläge, Erfolgsgeschichten. Günther hält sich bedeckt, bis der Hansi es genau wissen will.

»Wie war das bei dir, als du nach Wien gegangen bist?«
»Eh super. Wien ist die beste Stadt der Welt. Bissl hackeln, bissl Liebe, viel Punkrock.«
»In welcher Branche bist du gelandet?«, fragt der Hansi.
»Transportwesen.«
»Spediteur? Oder Drogenkurier?«
»Haha, derzeit liefere ich Einkäufe aus, mit dem Lastenrad im ersten Bezirk. Was soll überhaupt dieses Verhör?«
»Du bist der Einzige, dem man alles aus der Nase ziehen muss.«
»Ist halt nicht so spannend wie deine Laufbahn, Oida. Aber frag nur, ich bin ein offenes Buch.«
»Irgendwelche Ehen, Scheidungen, Haustiere, Kinder?«
»Keine Ehen, kein Haustier mehr, Kinder sowieso nicht. Seit die Jenny tot ist, hat sich das für mich erledigt.«
»Fuck, war das die Blonde mit dem Vokuhila? Die auf Heroin? Was ist passiert?«
»Nein, nein, die war nicht blond.«

Günther zögert kurz, dann fährt er fort.

»Sie ist bei mir eingezogen, nachdem Panzer, mein Labradormischling, von dieser Bonzenkarre überrollt wurde. In letzter Zeit ist mir das Ganze irgendwie über den Kopf gewachsen, mir war das alles zu viel, ich konnte nichts mehr für sie tun.«

Wir sprechen ihm unser Beileid aus und ich fühle mich ganz unwohl dabei. Ich habe in den letzten Tagen am meisten Zeit mit ihm verbracht und mich nie wirklich nach seinem Leben erkundigt. Haben wir tatsächlich nur über die Band geredet oder ist er den ernsten Themen einfach geschickt ausgewichen? Von Jenny höre ich das erste Mal.

»Jetzt schaut mal nicht so betreten«, sagt Günther und spielt mit seinen Füßen Doublebass.

»Lärm heilt alle Wunden.«

Die Sonnenstrahlen werden weniger, wir dämpfen unsere Zigaretten aus und gehen wieder rein.

Nach zwei Stunden haben wir erst drei Songs durch. Wie sich herausstellt, hat sich bis auf Branko keiner von uns auf die Proben vorbereitet. Günther ist ganz der Alte, übermäßig motiviert, aber nicht hundertprozentig auf der Höhe. Seine Leidenschaft macht die eingerosteten Fähigkeiten aber durchaus wett. Wir sind uns einig: lieber ein Dilettant, der Vollgas gibt, als ein Profi, der nicht mit Herz und Seele bei der Sache ist. Typisch Bassist, vereint Branko beides. Beim Hansi, der sich nach ein paar Flaschen Bier immer mehr zu Hänsi entwickelt, und mir gibt es definitiv Luft nach oben. Unter seinen Armen haben sich große Schweißflecken gebildet. Nach jedem Song nimmt er Feineinstellungen an seinem Verstärker vor, indem er den Output-Regler stetig nach oben schraubt.

»Im Zweifel lauter«, schreit er, und ich tue es ihm gleich, damit ich nicht in seinen Riffs untergehe. Danach klingt es tatsächlich besser.

Als wir den Song »Helden« zum zehnten Mal anspielen, löst sich endlich etwas in uns. Die Gitarren setzen ein und bamm, eine Sekunde später fühle ich mich zwanzig Jahre jünger, berauscht von Adrenalin und Lautstärke. Bilder rasen durch meinen Kopf, Stagediving und Gangshouts. Die Handvoll Kids in einem Skatepark im tiefsten Oberösterreich konnten nicht falschliegen. Und schon gar nicht die dreihundert durchnässten Wahnsinnigen bei unserer letzten Show. Was würde ich dafür geben, sie jetzt hier herumspringen zu sehen, alle im Takt zuckend und den Refrain heiser mitgrölend, unter einer Discokugel schwitzend, mit hochgestreckten Fäusten und einem Lächeln auf den Lippen. Letzte Woche war diese Vorstellung noch Millionen Lichtjahre von der Gegenwart entfernt. Jetzt sind wir ihr wieder auf den Fersen.

DEAD KREISKYS

Am Anfang waren wir so etwas wie *Jawbreaker* für Bauern, eine rustikale Version von Skatepunks, die weder anständig skaten noch musizieren konnten. Wie sollte man hier auch skaten – auf all den Schotterstraßen und Feldwegen, auf den gepflasterten Dorfplätzen und grob asphaltierten Bundesstraßen. Wenn der Belag mal passte, bei neuen Zufahrten zu Berggasthöfen oder Speicherteichen für Schneekanonen, war es bergauf zu anstrengend und bergab fetzte es uns aus den Kurven. Unser erster Auftritt hatte die Anzahl unserer Fans von null auf eins erhöht, aber als Branko in die Band einstieg, waren wir wieder bei null, von den drei pogenden Kindern mal abgesehen. Wenn wir alle unsere zukünftigen Fans in die Band aufnahmen, würden wir langsam, aber stetig anwachsen und die Anzahl unserer Zuhörer immer konstant halten. Vielleicht gab es da draußen auch mehr Leute, die uns gut fanden, womöglich war die Schnittmenge der Zielgruppen einer Krampusshow und eines Punkkonzerts einfach nicht existent. Die Ausnahme war Branko, der nicht nur in dieser Hinsicht einen wandelnden Widerspruch verkörperte. Er war vor einiger Zeit mit seinen Eltern und drei Schwestern von Jugoslawien nach Österreich gekommen. Während wir hiesigen Jugendlichen uns am Standarddeutsch der Stadt orientierten, um weltgewandt zu wirken, eignete er sich über die Arbeitskollegen seines Vaters einen kernigen Dialekt an. Er hatte bessere Noten, als ich mir jemals wünschen konnte, und war schon als Teenager ein begnadeter Bassist. Erst mit ihm nahm die Sache richtig Fahrt auf.

Damals war Punk ein reines Männerding. Unsere nächsten Konzerte führten uns in Kellerbars, private Garagen, eine Kommune, das Vereinsheim eines Motorradclubs. Vor der Bühne nichts als Männer. Es gab diejenigen, die einfach still dastanden und sich an ihrem Bier festhielten, um nicht umzufallen, dann gab es die Volltrunkenen, die grölten und herumsprangen, egal ob wir gerade spielten oder nicht, die Coolen, die das Geschehen abfällig vom hintersten Ende der Bar beobachteten, und ganz vereinzelt entdeckten wir – in der Regel weiter hinten – ein weibliches Wesen oder zwei, die sich leider nicht wirklich für uns zu interessieren schienen. Unsere Genialität hatte sich noch nicht bis zum anderen Geschlecht herumgesprochen. Den ersten kleineren Erfolg hatten wir ein halbes Jahr später bei einem Skatecontest im Mühlviertel. Erfolg bedeutete für uns damals, nicht von der Bühne gebuht, zusammengeschlagen oder von einer Nazi-Bikergang mit Messern bedroht zu werden. Wir spielten unsere Songs wie immer und die Leute fassten unseren Dilettantismus zum allerersten Mal nicht als Provokation auf, sondern – wir trauten unseren Augen kaum – tanzten. Es waren nur fünfundzwanzig Burschen in viel zu weiten Hosen, aber diese fünfundzwanzig Burschen hatten tatsächlich Spaß. Als sich dann auch noch eine Gruppe Mädchen vor die Freiluftbühne gesellte und ihrem exzellenten Musikgeschmack freien Lauf ließ, indem sie rhythmisch mit dem Kopf wippten und von einem Bein auf das andere stiegen, fühlten wir uns wie die verdammten *Sex Pistols*. Es lag also nicht an uns, wir hatten bis jetzt nur noch nicht das richtige Publikum gefunden. Branko war sofort motiviert, uns Gigs zu besorgen, die möglichst weit entfernt waren von Krampusruten und Lederkutten, also meldete er uns zu obskuren Bandcontests an, auf denen Boybands mit Playbackbegleitung gegen schwarz-weiß geschminkte

Brachialmetaller antraten und Nirvana-Kopien gegen die aktuelle Nachwuchshoffnung des protestantischen Kirchenchors. Dazu kamen Jugendzentren, besetzte Häuser, Rohbauten.

Den Ordner mit Fotos, Zeitungsausschnitten und Konzertberichten habe ich noch heute. Ein typischer Gig verlief in etwa folgendermaßen, wie ein selbst verfasstes Review beweist:

Wir wurden von unserer Kontaktperson empfangen und auf das besetzte Areal begleitet, wo wir gemeinsam mit den anderen Bands erst mal die Anlage aufbauten. Um circa 22 Uhr fing die erste Band an, an deren Namen sich leider niemand mehr erinnern kann. Danach waren Fleischmesser *an der Reihe. Die »Musikrichtung« dieser »Band« würden wir eventuell als »Psycho-Acid-Trash« bezeichnen, denn das, was die da produzierten, war einfach nur Lärm, der viele Zuhörer zum vorzeitigen Verlassen der Veranstaltung bewegte. Als* Fleischmesser *nach fünfzehn grausamen Minuten ihre »Show« beendeten, wurde bekanntgegeben, dass alle Leute mit Zigaretten den Saal verlassen sollten, da sich eine riesige Lache Diesel auf dem Boden befinde. Ihr fragt euch, wo der Diesel herkam? Er wurde von* Fleischmesser *aus einem Fass verschüttet, das als »Musikinstrument« diente. Und dann kam jemand in den Saal, in dem sich vorwiegend Punks befanden, und gab kund, dass sich vor dem Gebäude ein Rudel »Hip-Hop-Nazis« (dieses Wort haben nicht wir erfunden) versammelt habe, das nun verprügelt werden sollte. Später hieß es, dass 200 Bullen das Gebäude umstellt hätten. Als wir uns das ansehen wollten, sahen wir lediglich drei Gendarmen, die mit den Beteiligten der vorherigen Schlägerei sprachen. Als wir wieder reinkamen, hatte die Band* Unicorn Massacre, *die nach uns spielen hätte sollen, bereits begonnen, alles abzubauen, wegen der Brandge-*

fahr durch den Diesel. Wir waren auch der Meinung, dass es besser war, den »Gig« abzublasen, weil sowieso keine Leute mehr da waren. Fazit: Dumm gelaufen. Es tut uns sehr leid für alle, die uns gerne gesehen bzw. gehört hätten. Was soll's, wir spielen sicher bald wieder in eurer Gegend. Eure Dead Kreiskys.

Ja genau, so hießen wir damals. Wir brauchten mehr als ein Jahr, um zu kapieren, dass unsere Songtexte bis auf einzelne Phrasen völlig unverständlich waren. Das hatte vielerlei Gründe: das halsbrecherische Tempo der Songs, miserable Live-Akustik, Nuscheln, mangelnde Englischkenntnisse des Publikums und nicht zuletzt mangelnde Englischkenntnisse der Songwriter. Schließlich war es Branko, der vorschlug, dass wir ab sofort auf deutsche Texte setzen sollten, um alle sprachlichen Barrieren aufzuheben. Ich war davon weniger begeistert, da die Songs somit zwangsläufig Sinn ergeben mussten. Mich mit hohlen Phrasen oder Fachbegriffen, die sowieso keiner verstand, durchzuschwindeln, war nicht mehr möglich. Unser erster Song auf Deutsch hieß *Pop ist tot*, der Refrain ging so:

Nie wieder Glitzer, nie wieder Glimmer
Pop ist tot, Punk für immer
Nie wieder Koks und Champagner, lieber Crack und Cola-Rot
Pop ist tot! Pop ist tot!

Aus Bequemlichkeit beschlossen wir, auch unser erstes Album, von dem es zu diesem Zeitpunkt gerade mal diesen einen Song gab, *Pop ist tot* zu nennen. Und wenn schon das Album so hieß, warum nicht gleich auch die Band. Erst später untermauerten wir diese Kurzschlussidee mit einer theoretischen Basis: der Bandname als

Zeichen unserer Anti-Kommerz-Einstellung, unseres unbeugsamen Kampfes gegen den miserablen Mainstreammusikgeschmack – und andere aus dem Ärmel geschüttelte Ansätze, die uns als Antithese zu den gschissenen Boybands etablieren würden. Dass sich unsere Ablehnung und unsere Ambitionen widersprachen, war uns nicht bewusst. Ebenso wenig, dass die aktive Verweigerungshaltung dem Erfolg gegenüber gar nicht nötig gewesen wäre.

KALIMOTXO

»Branko, du bist dran.«

Das Zeug hinten verstaut und festgezurrt, vorne vier Kerle in den besten Jahren, den Blick auf die Straße gerichtet, bereit, die Welt zu erobern oder zumindest ein kleines Stück davon.

»Okay, Skatastrophe, eine wirklich schlechte Skaband.«

»Das hatten wir schon hundertmal«, sagt Günther.

»Wir spielen das Spiel auch schon zum hundertsten Mal. Fällt dir was Originelleres ein?«

»Freilich. Skalleine, das Soloprojekt des Skabandsängers.«

Keine Schenkelklopfer, sondern vielfach aufgewärmte Zeittotschlagstrategien. Wir schmunzeln und sehen den Autos dabei zu, wie sie links an uns vorbeizischen. Ich bin der Nächste.

»Skalpell, die Ska-Emo-Crossovertruppe.«

»Die sind geil: autoaggressiv und machen trotzdem Partymucke.«

Die großen Roadtrips der Menschheitsgeschichte. Der Auszug aus Ägypten, Odysseus auf der Suche nach der Heimat, Christoph Kolumbus überquert den Atlantik, *Pop ist tot* auf der Autobahn.

»Hansi, schau nicht so fadisiert aus dem Fenster, sondern überleg dir was.«

»Hmmm, eine rechtsradikale Skaband: Ska-Z.«

»Oida.«

»Und wisst ihr, wie der Sänger heißt? Skadol…«

»Na heast!«

Günther schiebt eine Kassette ins Autoradio. Branko hat sich schon beim Einsteigen über die fehlende Bluetooth-Anbindung beschwert, doch jetzt freuen wir uns über die ersten Takte von *Fugazis* »Waiting Room«. Günther hat seine Lieblingsalben in den Neunzigern auf Kassette überspielt, weil der Renault Rapid noch keinen CD-Player hatte. Die meisten Kassetten haben die exzessive Verwendung nicht heil überstanden, die letzten sind nun dazu bestimmt, von uns gehört zu werden, bis der Bandsalat aus dem Autoradio quillt. Bei der Zeile »everybody's moving, everybody's moving, everybody's moving moving moving moving« singen wir alle mit. Wir sind dem »Waiting Room« entkommen und endlich wieder unterwegs. Dabei wissen wir, dass Warten ironischerweise den größten Teil einer Tour ausmacht: Du wartest auf den Soundcheck, das Catering, die Stagetime, immer wieder auf die Bandkollegen, und in der nächsten Stadt geht das Warten von vorne los. Aber dazwischen passiert etwas, das die abgesessenen Stunden aufwiegt, etwas Großes, wofür sich all der Aufwand lohnt. Die Bühne, der Gegenraum zum Wartezimmer. »Come on and get up!« Die Kassette rauscht, aber das ist egal. »I'm planning a big surprise, I'm gonna fight for what I wanna be.«

»Band, die tanzbaren Post-Hardcore macht?«, fragt der Hansi aus dem Nichts und schießt gleich hinterher: »Fuskazi.«

Der Tourauftakt findet in Graz statt. Ein Club im Zentrum, in dem wir im letzten Jahrtausend schon mal gespielt haben. An der Tür hängt ein Tourplakat. »*Superschnaps – Schnaps ist super*«. Darunter steht die Band, für die wir einspringen, kein Wort von *Pop ist tot*. Jetzt beginnt die wirkliche Arbeit: Wir laden unseren Krempel aus dem Bus und schleppen alles in den Saal. Jeder packt mit an – eine entscheidende Voraussetzung für die bandinterne

Harmonie, wenn man keine Roadies zur Verfügung hat. Wir sind unsere eigenen Roadies, genau wie wir unsere eigenen Fahrer, Techniker, Stagehands und Merchandiseverkäufer sind. Natürlich gibt es keinen Lastenaufzug, also nehmen wir die Treppe.

Der Tourmanager, ein Typ, der Anzug und Baseballcap kombiniert, begrüßt uns und überreicht Günther ein Bündel zusammengehefteter Seiten: den Tourplan. Hier steht schwarz auf weiß, wann wir wo sein müssen und was wir wann und wo benötigen. *Superschnaps* haben anscheinend schon alles aufgebaut, über der Bühne prangt ein buntes Banner. Wir hängen unser eigenes davor, das wir als Teenager in Hansis elterlicher Garage selbst besprüht haben. Es ist viel kleiner und deckt nur einen Bruchteil der grellen Buchstaben ab. Ich hatte das Teil irgendwie stylischer im Gedächtnis. Rückblickend haben die Dämpfe der Sprühfarbe unser Urteilsvermögen in Hinblick auf das Design wohl gewaltig vernebelt. Vor dem elektronischen Schlagzeug von *Superschnaps* beginnt Günther, sein eigenes, analoges aufzustellen. Auf der Bühne gibt es keine Verstärker, Boxen oder Monitore, weil bei *Superschnaps* alles über digitale Lösungen, Funk und In-Ear-Monitoring läuft. Wir hieven die Gitarrenboxen auf die Bühne und ich fühle mich dabei antiquiert, aus der Zeit gefallen, wie ein Bauer, der sich allen technischen Errungenschaften verwehrt und seine Kühe noch mit der Hand melkt. Wir brauchen ewig, bis jedes Teil auf seinem Platz steht und richtig verkabelt ist. Der Techniker des Clubs benötigt noch mal eine halbe Stunde, dann ist alles mikrofoniert und einsatzbereit. Da das Aufbauen länger gedauert hat als erwartet, haben wir nur eine Viertelstunde Zeit für den Soundcheck, der beim Einlass in den Saal abrupt abgebrochen wird. Dutzende Jugendliche in *Superschnaps*-T-Shirts strömen herein und laufen auf die Bühne zu, um sich einen Platz in der ersten Reihe zu sichern. Als sie erkennen, dass da nicht *Superschnaps* auf der Bühne steht, sondern eine unbekannte Vorband, sieht man ihnen die Enttäuschung an. Das Konzert beginnt erst in einer Stunde, trotzdem klammern sie sich schon jetzt an die Absperrung, um ihren Idolen später möglichst nah zu sein. Sie sehen nicht aus wie die Punkfans vor zwanzig Jahren, auch nicht wie die trendbewusste Belegschaft der Hipsterhölle, vielmehr findet sich hier eine bunte Mischung aus Außenseitern und pubertären Alkoholikern zusammen, die ich so noch nicht erlebt habe.

Im Backstageraum mit der Aufschrift *Pop ist Tod* wartet eine Platte mit Aufschnitt auf uns. Der Tourmanager teilt uns weitere Infos zum Ablauf des Abends mit und nimmt uns mit, um *Superschnaps* kennenzulernen. Wir folgen ihm von unserem kleinen Backstageraum in einen großen Backstageraum. Dort fläzen vier Typen in Lederoutfits auf je einem Sofa und starren in ihre Smartphones. Audienz bei den Punkrockstars von heute. Sie blicken von ihren Bildschirmen hoch und stellen sich mit ihren Künstlernamen vor. Branko kennt die Truppe bereits und wird freundlicher begrüßt als der Rest von uns, Johnny Obstler freut sich, »endlich Brankos musikalische Jugendsünde kennenzulernen«. Zu Günther sagt er »Wir haben telefoniert?« und »Fein, dass du die Jungs wieder zusammengetrommelt hast.« Auf einem Tisch stehen Lachsbrötchen und Sektflaschen, frisches Obst und Softdrinks. Außerdem treffen wir den Rest des Teams, die *Superschnaps*-Entourage bestehend aus Techniker, Roadie, Fotografin, Merchverkäuferin und Social-Media-Beauftragter. Wenn wir einen Nightliner hätten, würden wir auch alle vorhandenen Sitz- und Schlafplätze mit unseren Freunden auffüllen und ihnen wahllose Berufsbezeichnungen verleihen: Fachkraft für Schutz und Sicherheit, Barista, Ergotherapeutin, Page,

Mundschenk, Pastoralassistent, Chemikerin, Konditor. Wir machen etwas Smalltalk mit der Band, dann wenden sie sich wieder ihren Smartphones zu und wir uns unserer kalten Platte im kleinen Backstageraum. Günther hat eine Schüssel mit Weintrauben mitgehen lassen, die er jetzt schnabuliert. Wir vier sind uns einig:
»Sind eh nett, die Burschen.«
»Eh.«
»Ja, sehr freundlich.«
»Total.«
Mittlerweile ist der Saal berstend voll. Ich stimme meine Gitarre auf der Bühne und spüre die Hitze, die mir aus den hunderten Körpern entgegenströmt. Das Publikum ist sehr jung, weiter hinten stehen auch Leute in meinem Alter, aber ich kann nicht mit Sicherheit sagen, ob das Fans von uns sind oder die Eltern der Kids in den ersten Reihen. Ich schaue in das dämmrige Licht und weiß, dass es gut wird. Gleichzeitig weiß ich, dass es nicht besser wird, weil es nicht besser werden kann.

Ich verziehe mich wieder nach hinten und beginne mit meinen Aufwärmübungen. Der Hansi macht auch mit, wir dehnen unsere laschen, teigigen Körper, versuchen, auf einem Bein zu stehen, und ich verknote meine verspannten Glieder sogar zu einer Yogaposition, die ich von Shankari gelernt habe. Für Außenstehende muss das aussehen wie Seniorenturnen, sanfte Gymnastik für mehr Wohlbefinden im Alter. Dann wärmen wir unsere Stimmen auf, summen vor uns hin, schnauben wie aufgeputschte Rennpferde und verziehen unsere Gesichter, strecken die Zunge raus und singen gleichzeitig Tonleitern, wie wir es vor Jahren einer amerikanischen Band abgeschaut haben, deren Sänger zwar komplett zugedröhnt war, als er uns in die hohe Kunst des *Vocal Warm-Up* einwies, aber bestimmt einiges davon verstand, zumal er trotz jahrelangen Substanzmissbrauchs immer noch einigermaßen gut singen konnte. Bevor wir auf die Bühne gehen, vollführen wir unser altes Ritual. Wir versuchen – quasi als finale Aufwärmrunde –, uns gegenseitig in die Weichteile zu boxen, das bringt das Blut in Wallung und aktiviert den Energiefluss. Ich ringe den Hansi zu Boden und kann einen passablen Treffer landen, stecke dafür aber auch einen ungebremsten Haken von unten ein. Bevor Branko und Günther aufeinander losgehen können, schiebt uns der Tourmanager nach draußen. Ich humple auf die Bühne und sehe Sterne, mein Schritt brennt und ich bin genau in der richtigen Gemütslage, um ohne Kompromisse loszulegen. Das Licht geht an und ich beginne zu schreien.

Die Show war in Ordnung. Soweit man das aus unserer Perspektive überhaupt beurteilen kann. Die *Superschnaps*-Fans in den ersten Reihen waren nicht leicht zu durchschauen, ihre Mienen changierten zwischen Langeweile, Überraschung, Entsetzen und Vollrausch. Manche trugen sogar Kopfhörer – ob zur Lärmreduktion, anderweitigen Beschallung oder als modisches Accessoire kann ich nicht sagen. Die Monitore, die beim Soundcheck noch laut genug schienen, waren während des Konzerts kaum zu hören. Nach jedem Song gestikulierten wir in Richtung Tontechniker, aber es half nichts, anstatt lauterer Stimmen am Monitor gab es quietschende Rückkopplungen, also blieb mir nichts anderes übrig, als so laut wie möglich ins Mikrofon zu brüllen. Dann ist dem Hansi, der längst zum Hänsi mutiert ist, auch noch eine Saite gerissen, also hat er sich eine Gitarre aus dem Multiständer von *Superschnaps* ausgeliehen, sich die Finger an den Stahlsaiten wundgerieben und alles vollgeblutet. Am Ende hat er die blutverschmierte Gitarre wieder in den Ständer zurückgestellt. Zwischendurch gab es sogar einen Circle Pit.

Günther hat sich bereit erklärt, den Merchandiseverkauf zu übernehmen. Während *Superschnaps* unendliche Varianten von T-Shirts, Kapperln und Accessoires vom Schlüsselanhänger über den Rucksack bis hin zum Stofftier in Flachmannform im Angebot haben und dafür den Großteil des vom Veranstalter bereitgestellten Bereichs belegen, müssen wir uns mit einer Handbreit Freiraum am Merchtisch begnügen, auf den wir Überbleibsel wie CDs, Buttons und Sticker platzieren. Dahinter hängen unsere letzten T-Shirts. Ein deprimierender Anblick in Gegenwart der glitzernden Vielfalt nebenan. Von unserem letzten Album haben wir noch gut 1000 Stück übrig, die bisher in irgendeinem Keller verstaubten und jetzt hoffentlich ihren Weg in die Abspielgeräte der nächsten Generation von Punkrockern finden. Bis Discman und CD-Wechsler als Retrotrend wiederentdeckt werden, verscherbeln wir alles zum Spottpreis. Wenn es nach Branko ginge, hätten wir die Alben längst verschrottet.

Unruhe macht sich breit, die letzten Leute quetschen sich in den Saal. Dann ertönt »Also sprach Zarathustra« von Richard Strauss. Johnny Obstler, der mit uns vorher Hochdeutsch gesprochen hat, palavert plötzlich im tiefsten Proletenslang. Die Band reckt ihre Flachmänner nach oben und das Publikum tut es ihnen gleich. Wir schauen von hinten auf die Bühne. *Superschnaps* legt los und wir hören: nichts – beziehungsweise fast nichts. Auf der Bühne ist es leise. Bis auf die Schläge auf das elektronische Schlagzeug, das Geschrubbel der Gitarren und das Echo der PA-Anlage, das von der gegenüberliegenden Wand zurückschwappt, bekommen wir hier hinten wenig mit. Keine ohrenbetäubenden Trommeln, kein Brett aus verzerrten Akkorden, das uns erschlägt. Die

Musiker tragen In-Ear-Kopfhörer, das Publikum ist voller Euphorie. Das riesige *Superschnaps*-Banner leuchtet im Dunkeln.

Auf der Suche nach einem Hinterausgang habe ich mich in das Getränkelager verirrt und kurzerhand zugelangt. Anstatt frische Luft zu schnappen, gieße ich Rotwein in Pappbecher und spritze ihn mit Cola auf. Spätestens seit einer Handvoll Auftritten im Baskenland ist das unser Getränk: Kalimotxo. In Österreich und Deutschland haben wir den Drink unter vielfältigen Namen kennengelernt: Korea, Bonanza, Fetzi, Kalte Muschi. Klingt alles nicht so toll wie Kalimotxo und kam geschmacklich nie an das Original heran. Kalimotxo ist baskisch und bezeichnet wahrscheinlich auch so etwas Ähnliches wie kalte weibliche Geschlechtsorgane. Das liegt vermutlich am Geschmack: bittersüß, in hohem Maße erfrischend und belebend, es verursacht Herzrasen, an Schlaf ist nicht zu denken. Wenn man es einmal gekostet hat, will man immer mehr. Zur einen Hälfte Europa, zur anderen Amerika ist Kalimotxo das perfekte Äquivalent zu unserer Musik. Ich fülle vier Becher bis zum Rand und verteile sie an die Band.

Branko verzieht den Mund.

»Einen schlechteren Rotwein hast du nicht aufgetrieben?«

»Immer noch besser als dieser Superschnaps, habt ihr den schon probiert, wie gewässertes Terpentin.«

Manche Weine vermischen sich nicht gut mit dem Cola, dann hat man zwei Flüssigkeiten im Glas, die sich vehement dagegen wehren, eine Verbindung einzugehen, in diesem Sinne ist Kalimotxo ein Verstoß gegen chemische und kulinarische Gesetze, dann schwimmt das Cola obenauf wie eine Schliere Öl im Wasser oder einzelne Bestandteile sondern sich ab und verklumpen und man hat diese sonderbare Mischung vor sich, die nur den Namen mit der erlesenen Köstlichkeit teilt, die wir vor Jahren unter der Sonne Spaniens literweise genießen durften.

»Das muss am Cola liegen, schlechter Jahrgang und miserable Hanglage, hahaha«, sagt Günther.

Die erste Runde leeren wir auf ex, erfahrungsgemäß schmecken die nächsten besser. Ich hole weitere Flaschen aus dem Lager, dieses Mal nicht aus den Kisten am Boden, sondern aus einem Regal weiter hinten, die edleren Weine harmonieren vielleicht besser mit dem Cola, ist auf alle Fälle einen Versuch wert. Günther stellt sich wieder an den Merchtisch und der Rest von uns mischt sich unters Publikum. Hier klingt das schon anders. Zwischen zwei Songs spricht mich ein Mann in meinem Alter an. Ein Sprühregen seiner Spucke bedeckt mein Ohr und meine Wange. Er hätte nicht gedacht, dass er uns noch mal live erleben würde. Ich rieche eine gewaltige Schnapsfahne. Er sagt, er sei nur wegen uns hier, unsere ersten Alben hätten seine Jugend geprägt und ihn zu dem gemacht, der er heute sei. Der Rest geht im Gedröhne der Gitarren unter.

An den Abbau kann ich mich nicht erinnern. Ich sehe, wie wir Sekt im Backstageraum trinken, wie Branko mit der Mutter eines *Superschnaps*-Fangirls schmust und wie wir in eine Karaokebar weiterziehen, wo wir eine Runde Cola-Rot ordern. Der Barkeeper sagt, das hätte seit den Achtzigerjahren keiner mehr bei ihm bestellt. Er öffnet einen Tetrapakwein und sagt, wir kämen ihm irgendwie bekannt vor, dabei vergisst er, die Runde zu kassieren. Wir singen »(I've Had) The Time of My Life« und »Don't Stop Believin'«, liegen uns in den Armen und reden mit Teenagern über ihre Lieblingssongs. Die Kids haben keinen Tau, wer Kurt Cobain ist, geschweige denn Sid Vicious. Sie sind geboren, als wir *Pop ist tot* hinschmissen, als die alle längst unter der Erde lagen. Unverständnis und

Gewitzel auf beiden Seiten. Wie suchen nach einem passenden Song im Karaoke-Repertoire, um den Kids zu veranschaulichen, wovon wir reden. Ob wir dann Avril Lavigne gesungen haben oder erst später, weiß ich nicht mehr. Irgendwann bringt uns ein Taxi zurück zum Club, wo wir unsere Schlafsäcke im Backstageraum zwischen leeren Sektflaschen und Essensresten ausrollen.

OIDA

Wenn man jahrelang kein Kalimotxo getrunken hat, ist der Magen auf diesen Schock nicht vorbereitet. Dementsprechend beschissen fühlt man sich am Tag danach. Mein Herz galoppiert noch immer wie ein Skatepunkbeat, ich bin heiser und mein Schädel dröhnt. Der Rotwein hat einen pelzigen Geschmack im Mund hinterlassen, es fühlt sich an wie Schimmel, der am Gaumen und unter der Zunge wuchert. Ich muss husten und ersticke fast dabei. Ich brauche Wasser.

Karaoke ist die denkbar schlechteste Aftershowbeschäftigung, der sich ein Sänger widmen kann. Spätestens mit dem Whitney-Houston-Song habe ich mir die Stimme ruiniert. Ich stelle mich unter die Dusche und lasse heißes Wasser in meinen Rachen fließen. Näher an eine Tasse Tee werde ich hier nicht kommen. Es ist schon fast Mittag, Günther schnarcht noch in seiner Ecke, der Hansi hat es anscheinend nicht mehr geschafft, in seinen Schlafsack reinzufinden, er liegt halb auf einem Sofa, halb am Boden und stöhnt. Branko ist nicht da. Ich kann mich nicht erinnern, ob er auf der Rückfahrt dabei war oder nicht. Vielleicht hat er woanders übernachtet, andererseits ist er ein notorischer Frühaufsteher. Ich durchwühle meine Tasche, bis ich den Kulturbeutel voller Tabletten finde, meine Notfallapotheke, die mir auf Tour schon mehrfach den Arsch gerettet hat. Das Schlimmste, das dir als Sänger passieren kann, ist, dass deine Stimme auf der Bühne versagt und du keine Töne mehr triffst oder gar nichts von dir geben kannst außer einem dissonanten Krächzen. Das war immer schon meine größte

Angst. Na klar, in unserem Genre fällt eine angeschlagene Stimme nicht so dramatisch auf, aber man will ja eine einigermaßen gute Show abliefern. Absagen geht nicht. Darum sind folgende Medikamente unerlässlich: Schmerzmittel mit verschiedenen Wirkstoffen, Lutschtabletten gegen Halsweh, Hustensaft, Schleimlöser, Erkältungssirup, Nasenspray, Stimmöl, Magenschoner. Ich genehmige mir eine gute Mischung für den Start in den Tag. Ein Blick in den Hinterhof verrät mir, dass der *Superschnaps*-Nightliner schon weg ist. Womöglich ist Branko mit den Rockstars mitgefahren, um dem engen Bus und Günthers Aftershavearoma zu entkommen. Ich lasse mich auf ein Sofa fallen und werfe einen Blick in den Tourplan. Nach dem mehr oder weniger fulminanten Auftakt steht heute München auf dem Programm, die Route führt durch Österreich, Deutschland, Slowenien, Ungarn, die Slowakei und Tschechien. In den meisten Städten und Locations haben wir schon mal gespielt, klingende Namen wie Ljubljana oder Ostrava rufen lebhafte Erinnerungen wach und entfachen Vorfreude auf ein Wiedersehen der alten Spielstätten. Im Osten verstehen die Leute zwar kein Wort von dem, was wir singen, aber sie kamen schon vor zwanzig Jahren scharenweise zu den Shows, schenkten uns schwarz gebrannten Wacholderschnaps und schlossen mit uns Blutsbrüderschaft, indem sie uns stolz ihre pogoinduzierten Platzwunden präsentierten und die Blutung mit unserem Banner zu stillen versuchten. Andere Orte sind mir völlig unbekannt und Veranstaltungen wie das Praha Rock Open Air oder das Prembergkirchener Feuerwehrfest lassen mich mehr ratlos als gespannt zurück.

Kotzgeräusche im Bad. Der Hansi ist wach und entleert seinen Magen. Davon wird auch Günther geweckt, der erst mal ein stürmisches »Oida« durch den Raum brüllt. Auch die beiden wirken komplett hinüber, junge Leute mit Kater kommen bis zu einem gewissen Grad wenigstens wagemutig rüber und liebenswert zerknautscht, ab fünfunddreißig sieht man aber einfach nur noch fertig aus. Auf einmal geht die Tür auf und Branko steht vor uns. Er trägt einen Trainingsanzug und Laufschuhe, die morgendliche Frische in Person. Er hat tatsächlich was zu essen besorgt, Coffee to go und Croissants.

»Ein guter Tag beginnt mit einem guten Frühstück«, sagt er und grinst dabei über beide Ohren.

»Ich frühstücke nie«, sagt Günther.

»Ich hab schon«, sage ich und zeige auf meine mobile Drogerie.

»Du alter Hypochonder. Iss lieber was, bevor dir alles wieder hochkommt.«

Ich greife zögerlich zu, bekomme fast nichts runter, nur den Kaffee trinke ich wie nichts und spüre kurz darauf, wie es in meinem Bauch zu rumoren beginnt. Die Pillen lösen sich in der heißen Brühe auf, ein Zaubertrank in meinem Bauch, der mich hoffentlich von innen heilt. Der Hansi schnappt sich seinen Laptop. Branko checkt seine Mails am Smartphone und Günther öffnet die erste Flasche Wein des Tages. Ein Achterl Weißwein zum Frühstück, dazu Kaffee und eine Tschick – das bringt ihn wieder auf Vordermann.

»Nicht schlecht, Oida«, sagt er und inspiziert die Flasche des südsteirischen Winzers.

Als ich den Wein rieche, wird mir augenblicklich schlecht. Der Rausch von gestern klingt langsam ab, die Wände schwanken und ich fokussiere einen Punkt in der Ferne, um nicht umzukippen. Hoffentlich kann ich auf der Fahrt nach München Schlaf nachholen. Bevor wir aufbrechen, packen wir ein paar Flaschen aus dem Lagerraum in unsere Taschen, guten Wein kann man immer gebrauchen. Heute ist Branko dran mit Fahren, weil er offensichtlich am fittesten von uns allen ist. Anfangs hat er Schwierigkeiten, den Bus in Schach zu halten und die Gangschaltung zu bedienen, bis zur Autobahn hat er den Dreh aber raus. Den Frühverkehr haben wir geschickt vermieden, Graz ist eine schöne Stadt. Wir haben keine Zeit, uns irgendetwas anzusehen, wir müssen uns beeilen, um überhaupt rechtzeitig zum Soundcheck in München zu sein. Branko stoppt die Kassette und wechselt zu einem lokalen Radiosender, der Moderator ist bestens gelaunt. Dann kommt ein Song, den Branko produziert hat, irgendein Schlagermist, er dreht so laut auf, wie es Günthers Soundanlage zulässt, und so gondeln wir über die Autobahn in Richtung Nordwesten.

DELAY

Das Gute am Zu-spät-dran-Sein ist die Reduktion der Wartezeit. Wenn am Tourplan steht: »Load-in: 17:00 Uhr«, dann ist das nur eine Richtlinie, weil sowieso jeder weiß, dass Bands grundsätzlich zu spät kommen. Bei Zeitangaben im Tourbusiness kommt eine Tradition zu tragen, die mit dem akademischen Viertel vergleichbar ist, die Uhrzeiten sind *cum tempore* zu verstehen. Wie spät man wirklich aufkreuzen darf, kann nur durch langjährig erworbene Erfahrungswerte abgeschätzt werden. Außerdem ist tugendhafte Pünktlichkeit sowieso verpönt, man will ja nicht als Spießer rüberkommen.

Als wir endlich eintrudeln, ist der Tourmanager sauer. Der Techniker der Location ebenso, es bleibt nur noch wenig Zeit für den Soundcheck. Der Ablauf ist derselbe wie in Graz. Ankommen, ausladen, aufbauen, anspielen, entkorken. Noch sind wir nicht so routiniert wie früher, aber schon am zweiten Tag stellt sich ein besonderes Gefühl ein, so ein leichtes Kribbeln in den Eingeweiden, das klarmacht, dass wir unterwegs sind, vom rumpelnden Bus auf rumpelnde Bühnen, übernächtig und ruhelos. Obwohl jeder Tag irgendwie gleich ist, ist jeder Tag grundverschieden. Gestern Innenstadtclub, heute Halle im Gewerbegebiet, exakt die gleichen Wurst- und Käseplatten, gestern Kalimotxo, heute mit mehr Cola, ähnliche Gesichter, ähnliche Gespräche, ähnliche Gedanken. Dieses Mal sind mehr Fans von uns da, ich sehe Männer im mittleren Alter, die ausgewaschene T-Shirts mit unserem Logo tragen, *Pop-ist-tot*-Buttons auf Jeansjacken, sogar das ein oder andere Tattoo. Das war für uns unbegreiflich: Als das erste Mädchen ankam und uns voller Stolz unser Bandlogo zeigte, das sie sich auf den Unterschenkel stechen hatte lassen. Erst in diesem Moment wurde uns klar, dass das, was wir machten, anderen wirklich etwas bedeutete. Man erkennt sofort, wer wegen uns da ist und wer wegen *Superschnaps*. Der Altersdurchschnitt unserer Fans ist um ein Vielfaches höher, die Typen ab vierzig, fünfzig mit klobigen Skaterschuhen, die ihr schütteres Haar unter einem Truckercap verstecken, gehören zum Team *Pop ist tot*. Sie trinken Bier und unterhalten sich über Konzerte im letzten Jahrhundert, im verdammten glorreichen letzten Jahrtausend. Wenn solche Oldies mit jungen *Superschnaps*-Anhängern zusammentreffen, ist es so, als erzählte der Großvater Anekdoten aus dem Krieg.

»Das war die geilste Zeit meines Lebens! Wenn ich mich nur an mehr erinnern könnte!«

»NOFX hab ich schon fünfzehnmal live gesehen.«
»Ich hab gehört, dass die live kacke sind.«
»Das hab ich schon fünfzehnmal gehört.«

»Was, ihr Kids kennt Jens Rachut nicht? *Dackelblut*, *Oma Hans*? Nein? *Blumen Am Arsch der Hölle*? Waas? Seine Bands – von *Angeschissen* über *Kommando Sonne-nmilch* und *Alte Sau* bis hin zu *Maulgruppe* – sind legendär. *Nuclear Raped Fuck Bomb* nicht zu vergessen. Das muss man doch kennen!«

»Lol, Boomer. Hast du das gerade alles erfunden?«

Günther hat im Vorfeld angepriesen, dass wir eine ganz neue Zielgruppe erschließen. In Graz war davon noch wenig zu spüren, aber vielleicht kann die Energie der pogenden Mittvierziger ja auf die junge Generation überschwappen. Ich habe mich umgesehen, ob Nina da ist, Salzburg wär nicht weit weg, konnte sie aber nicht entdecken. Für Aufwärmübungen bleibt keine Zeit. Ich huste, werfe ein paar Halstabletten ein und während ich mir schwöre, für immer auf Karaoke und nächtliche Tschickexzesse zu verzichten, knallt mir Günther seine Faust zwischen die Beine.

Durchgeschwitzt und außer Puste hievt er die Reisetasche mit den steirischen Weinen auf den Tisch. *Superschnaps* hängen an ihren Smartphones, während ihre Crew alles für den anstehenden Gig vorbereitet. Branko, der Hansi und ich lassen uns völlig verausgabt auf die Couch fallen, Günther sucht nach dem passenden Gesöff für diesen Moment.

»Saftig, tiefgründig, aber nicht zu würzig. Der passt perfekt.«

Nach 40 Minuten zwischen Verstärkern und Trommeln hat sich in meinen Ohren ein Extra-Kreischen über den Grundtinnitus gelegt. Die zwei Frauen, die uns gegenüber sitzen, gratulieren uns zu unserem Auftritt. Wir stellen uns erneut vor, mein Namensgedächtnis ist miserabel. Sonja ist die Fotografin von *Superschnaps* und – ihrem Halstattoo nach zu urteilen – einer ihrer größten Fans. Ramona kümmert sich um die Social-Media-Accounts der Band. Sie nennt ein paar bekannte Plattformen und andere, die ich nur vom Hörensagen kenne. Content für die nächste Generation. Günther kredenzt den tiefgründigen Rotwein in Pappbechern. In Ermangelung von Cola müssen wir ihn wohl oder übel pur trinken.

»Ohne Cola fast eine Verschwendung«, sagt Günther.

Sonja und Ramona bekommen auch einen Becher in die Hand gedrückt, gemeinsames Trinken festigt das Namensgedächtnis. Sonja ist ein Fleckerlteppich aus popkulturellen Versatzstücken – Bandlogos am Unterarm, Mickey Mouse und Pin-up-Girls, kleine Face-Tattoos, ein verkehrtes Kreuz, ein Barcode, ein Fragezeichen. Dazu schwarz-rote Haare, Piercings in Nase, Lippe, Ohren sowieso. Ramona hingegen ist ein unbeschriebenes Blatt, sie sieht nicht nach Punkrock aus, sondern mit ihren brünetten Locken und dem nichtssagenden Kleidungsstil eher nach Country oder Indiepop. Sie könnte 25 sein oder 35. Was soll man schon zu Jeans und einem weißen T-Shirt ohne Aufdruck sagen? Wenigstens trägt sie Vans. Früher war es ein Leichtes, das Gegenüber einer Subkultur zuzuordnen, ob Popper, Raver oder Gruftie. Sogar innerhalb von Punk gab es klare Abgrenzungen: Streetpunk, Ska, Hardcore, Poppunk, Emo. Ramona könnte alles sein oder nichts davon. Noch dazu ist Sonja laut und einnehmend, sie trinkt den Wein auf ex und singt den Refrain eines *Superschnaps*-Songs. Günther, Branko und der Hansi haben nur noch Augen für sie. Ramona stellt eine Frage, die in Sonjas Gegröle untergeht. Ich will etwas sagen, aber meine Stimme ist so kaputt, dass ich erst mal husten muss. Ich nehme einen großen Schluck Rotwein. Sonja hantiert an ihrer Kamera und sagt, sie müsse jetzt los, sie sei ja nicht zum Spaß hier. Die Jungs schließen sich ihr an und als sie die Tür öffnen, hört man schon das triumphale Intro von *Also sprach Zarathustra* aus den Boxen dröhnen. Ramona rollt mit den Augen.

»Ich muss dabei immer an Affen und Raumschiffe denken«, sagt sie, und auch mir kommt die Eingangsszene von *2001: Odyssee im Weltraum* in den Sinn.

Trotzdem frage ich: »Hast du gerade *Superschnaps* als Affen bezeichnet?«

»Haha, so gesehen passt das Intro eigentlich ganz gut.«

»Nur, dass sie keine Knochen in den Händen halten, sondern Smartphones.«

»Apropos, ich sollte mich um meinen Job kümmern.«

Sie tippt etwas in ihr Mobiltelefon und ich zünde mir eine Zigarette an.

»Ihr könntet auch mehr Onlinepräsenz gebrauchen«, sagt sie nach einer Minute.

»Das erinnert mich zu sehr an meinen beruflichen Alltag. Dieses verdammte Marketing. Bei *Pop ist tot* geht's um die Musik, nicht um das Drumherum.«

»Wenn man rund um die Uhr mit seinen Fans interagiert, schafft man eine enge Bindung, von der man ewig profitiert.«

»Wir interagieren auch mit unseren Fans. Auf der Bühne, in Bars...«

Plötzlich beginnt es zu regnen. Ich blicke verwundert nach oben, meine Zigarette geht aus und alles wird nass, meine Haare, Ramona, die Tische, das Zeug von *Superschnaps*. Ich springe auf, Ramona bleibt sitzen und lacht. Gelassen packt sie ihre Sachen zusammen.

»Was erwartest du dir, wenn du hier drinnen rauchst?!«

Das Wasser ist bräunlich und stinkt abgestanden. Die Schüsseln mit Chips füllen sich, Semmeln schwimmen über den Tellerrand. An einem Verteiler stecken zwei Smartphones, wahrscheinlich von *Superschnaps*, also werfe ich eine Jacke drüber, um sie einigermaßen vor den Fluten zu schützen.

»Das ist ein Backstageraum, was soll man hier sonst tun?«

Erst jetzt fallen mir die Rauchen-verboten-Schilder an den Wänden auf. Ich nehme die Tasche mit den Weinflaschen und wir verziehen uns über den Notausgang ins Freie. Wir gehen ein Stück und setzen uns in einen Park, um zu trinken und zu trocknen.

Als wir zurückkommen, gibt es eine große Aufregung. Brandalarm, Wasserschaden, anscheinend war sogar die Feuerwehr da. Johnny Obstler zuckt aus, weil seine gesamte »zivile Kleidung« durchnässt ist. Er trägt immer noch sein Bühnenoutfit und sieht damit abseits der Lichter aus wie jemand, der sich im Fasching als Rockstar verkleidet hat. Die fleischgewordene Vorstellung, die der Durchschnittsbürger von einem Rockstar aus den Siebzigern hat. Toupierte Haare, Make-up, Nietengürtel. Kleine Pupillen, theatralisches Gebaren. Inklusive Schreikrampf wegen aufgeweichter Snacks. Noch dazu ist jemand auf sein Smartphone gestiegen, der Bildschirm ist kaputt. Ob jemand geraucht hat? Wir zucken mit den Schultern.

Heute Nacht schlafen wir nicht in München, sondern fahren direkt weiter. Branko sitzt hinterm Steuer, ich rieche wie ein nasser Hund.

»Oida, diese Sonja hat geile Peckerl«, sagt Günther.

»Die ist sicher hart im Nehmen«, sagt der Hansi.

»Ich mag Frauen, die sich gerne stechen lassen, haha.«

So läuft das hier. Ich weiß nicht, was ich unangenehmer finde, das Machogehabe im Bandbus oder das Männerbashing in der Hipsterhölle. Die Aussagen sind so vorhersehbar. Ich mache es wie im Büro und versuche, sie nicht allzu ernst zu nehmen. Also schließe ich die Augen und konzentriere mich auf die Musik. Bum tschack, bum bum tschack – so gleiten wir durch die Nacht.

Kurz vor der Grenze läutet Günthers Telefon. Der Tourmanager.

»Leck mich doch am Arsch. Alles gefilzt?... Wie, noch mal zurückfahren?... Oida, ernsthaft?... Scheiß Kiwara!«

Der *Superschnaps*-Nightliner wurde von der bayrischen Polizei angehalten und komplett durchsucht, sie stehen irgendwo auf einem Rastplatz. Der Bus ist für neun Personen zugelassen, und da sie zu zehnt sind, muss jetzt wer bei uns mitfahren. Branko nimmt die nächste Ausfahrt, wir drehen um.

Auf dem Parkplatz türmen sich Gitarrenkoffer, Merchandiseartikel, Reisetaschen. Wenn man durch Bayern fährt und kein Geschäftsmann in einem BMW aktuellen Baujahrs ist, ist es ratsam, alle Drogen vor Grenzübertritt zu schlucken oder zu zerstören. Beim leisesten Verdacht wird jede Ritze, jede Hosentasche, jeder Koffer untersucht und zurück bleibt ein durchwühlter Haufen am Asphalt.

»Zum Glück haben wir nur hunderte Flaschen Schnaps dabei und kein Gramm Marihuana«, sagt der Roadie.

Ramona kommt mit einem Rollkoffer auf uns zu.

»Ich hätte auf Sonja gehofft«, sagt Günther.

»Jetzt können wir unsere dreckigen Witze vergessen«, sagt der Hansi.

Branko ist es egal, wer einsteigt, er will nur die verlorene Zeit aufholen und möglichst schnell ins Bett. Wir rücken hinten zusammen, der Platz neben mir ist noch frei. Ramona riecht ebenfalls wie ein nasser Hund. Branko steigt aufs Gas, während das Team von *Superschnaps* beginnt, das Zeug wieder in den Bus zu laden.

»Ab jetzt herrscht hier Furzverbot, damit das klar ist«, sagt Ramona und zwinkert mir zu.

PUNKGYMNASTIK

»Ein dynamisches Fitnesstraining in der Gruppe mit rhythmischen Bewegungen zu motivierender Musik.« Die Wikipedia-Definition von Aerobic trifft genauso gut auf Pogo zu. Während unsere Mütter Step-Aerobic-Kurse besuchten oder Squash spielten, stellten wir in Hansis Kinderzimmer die Verrenkungen der Punks nach, die wir auf den Bildern in den Fanzines bewunderten. Wir drehten den Ghettoblaster bis zum Anschlag auf, sprangen vom Schreibtisch aufs Bett, schupften uns gegenseitig und rempelten uns so lange an, bis ein Bilderrahmen von der Wand fiel und ich mir eine Glasscherbe eingetreten hatte. Wir wussten nicht, ob das, was wir hier aufführten, Pogo war, ob wir das so richtig machten oder ob wir einfach nur sinnlos in der Gegend rumsprangen wie zwei debile Teenager in der Provinz, die von nichts eine Ahnung hatten. Natürlich war uns klar, dass es keine wirklichen Regeln gab wie beim Walzer oder Discofox, trotzdem waren wir hinsichtlich der Details unsicher, wir hatten das immerhin noch nie live erlebt. Ich zog zwei blutige Splitter aus der Ferse und pickte Isolierband auf die Wunde, um den Teppich nicht vollzusauen. Die Socke warf ich unters Bett. Pogo ist kein Paartanz, wir mussten auf ein Punkkonzert, unbedingt.

Weil wir trotz des Lärms und der Scherben immer noch brave Söhne waren, zu anständig für unerlaubte nächtliche Ausflüge, aber auch zu cool für einen Konzertbesuch mit elterlicher Begleitung, mussten wir uns vorerst mit Trockenschwimmen begnügen. Auf Lexei konnten wir auch nicht mehr zählen, der hatte dem Punk abgeschworen und hörte dank seiner neuen Freundin ausschließlich Crossover – das war der neueste Trend, ein Zwischending aus Metal und Hip-Hop, dem der Hansi und ich rein gar nichts abgewinnen konnten. Lexei belächelte uns als Kinder, die aus reiner Unwissenheit noch in einer Phase steckten, die er schon längst hinter sich gelassen hatte. Seinen Job im Plattenladen hatte er gegen das Bundesheer eingetauscht, seine bunten Haare gegen eine Stoppelglatze. Also waren wir auf uns allein gestellt. Dann lernten wir Günther kennen. Und Günther war kein braver Sohn.

An einem Freitag kreuzte er bei uns im Proberaum auf und schlug demonstrativ die Hände über dem Kopf zusammen, weil wir immer noch zu zweit »musizierten«, mittlerweile auf zwei E-Gitarren über kleine Verstärker.

»Oida, ihr wisst schon, dass das ohne Schlagzeug keinen Sinn macht?«

»Dann spiel halt mit.«

»Ich hab eine bessere Idee. Kommt mal lieber mit raus.«

In der Einfahrt stand eines dieser Fahrzeuge vom Bauernhof, kein Traktor, aber so ein niedriges Gefährt, um am Steilhang Heu zu liefern oder Mist auszufahren.

»Was ist das denn?«

»Das ist ein Reform Muli«, sagte Günther stolz. »Den hab ich mir ausgeliehen. Das ist ein super Gefährt, Allradantrieb, vier Zylinder, geht über 40 km/h.«

Er hantierte mit einem Nagel am Zündschloss herum, bis der Muli ansprang. Ich hüpfte auf den Beifahrersitz und der Hansi machte es sich auf der Ladefläche bequem. Wir wollten nur eine kleine Spritztour über Güterwege machen, die Zeit bis zur Blasmusikprobe am Abend totschlagen, aber Günther fuhr einfach weiter, zuerst um die Ortschaften herum von Bauernhof zu Bauernhof, dann sogar auf die Bundesstraße. Wir fuhren Vollgas, nie langsamer als vierzig. Der Muli roch nach Dung, aber der Fahrtwind blies uns frische Luft ins Gesicht. Zwischendurch tankten wir nach, einmal aus einem Benzinkanister auf der Ladefläche, einmal bei einer Tankstelle irgendwo in Oberösterreich. Nach dreieinhalb Stunden waren wir in Linz. Günther stellte den Muli in einer Seitenstraße ab, als sich die Sonne hinter den Pöstlingberg verzog. Wir besorgten uns Dosenbier und setzten uns an die Donau. Dort saßen wir eine Zeit lang, bis uns kalt wurde.

»Und jetzt?«, fragte ich Günther.

»Jetzt gehen wir auf ein Konzert.«

Günther drückte dem Typen am Eingang ein paar Scheine in die Hand. Wir bekamen einen Stempel auf den Handrücken, dann tauchten wir ein in den dunklen Raum, kopfvoran in eine durchnässte Menge wie ein Schwimmbad aus feuchten Körpern, die sich in Wellen bewegten, vor und zurück im Rhythmus der Musik. Die Musik war so laut, wie unsere Verstärker oder Ghettoblaster es niemals sein würden. Sie traf nicht nur auf unsere Ohren, sondern durchdrang unsere ganzen Körper, brachte ausgehend vom Trommelfell alle Zellen zum Vibrieren. Wir kämpften uns durch in Richtung Bühne, und als wir das Zentrum des Lärms erreichten, waren wir ebenso schweißnass wie alle anderen um uns herum. Stillstehen war unmöglich, alles war in ständiger Bewegung. Unsere Schritte passten sich wie von selbst der Strömung an. Indem wir uns treiben ließen, uns wie die anderen im Kreis drehten und sprangen, auf allen Seiten an warme, zuckende Leiber stießen, wurden wir Teil dieser Schicksalsgemeinschaft. Mit einem Mal fühlte ich mich geborgen. Erst jetzt konnte ich die Quelle des Getöses sehen. Die Bühne war keinen halben Meter hoch. Oben standen drei Kanadier, Schlagzeug, Bass, Gitarre. Eine Offenbarung. Ein Typ mit Dreadlocks sprang mit einem Satz auf die Bühne und ließ sich in die Menge fallen. Ich duckte mich weg, die Leute um mich herum streckten ihre Hände in die Luft und fingen ihn tatsächlich auf. Dann ritt er auf der Welle durch den Raum. Günther erklomm die Bühne als nächster. Er nahm ein paar Schritte Anlauf, setzte zu einem Hechtsprung an und landete einen Bauchfleck. Ein Skinhead mit nacktem Oberkörper schlug eine Schneise durch die Menge. Der Hansi schrie: »Die rempeln mich alle an, was hab ich denen getan???«

Plötzlich wurde ich zu Boden gestoßen, fuck, und sah mich schon von Springerstiefeln zu Tode getreten. Alle um mich herum hielten inne. Jemand reichte mir die Hand und zog mich hoch. Dann ging's weiter, nichts passiert. Der zugedröhnte Skinhead ruderte beim Herumspringen so wild mit den Armen, dass der Sänger etwas sagte wie »Fuck that macho shit. Dance with each other, not against each other.« Und genau das machten wir. Was für Außenstehende so gewalttätig aussah, war in Wirklichkeit eine friedliche Symbiose aus Körpern, ein Gruppentanz ohne Systematik. Zwar unkoordiniert und aggressiv, aber mit klaren Regeln, um ernsthafte Verletzungen zu vermeiden.

Als wir uns nach einigen Songs an der Bar trafen, sah ich den Hansi so aufgedreht wie nie zuvor, er hatte Schrammen an den Oberarmen, blaue Flecken, aber ein Grinsen im Gesicht, als wäre heute sein Geburtstag. Er wischte sich mit der Hand über die Nase und hatte Blut an den Fingern. Günther lief verschwitzt auf uns zu, schrie »Oida, ist das geil!« und gab uns ein Bier aus. Da drückte mir ein Punk einen Stapel Karten in die Hand und verschwand auch schon wieder, ich sah sie mir genauer an: Das waren meine Jugendbankomatkarte, meine Schülerbuskarte, mein Büchereiausweis. Ich griff sofort an meine Gesäßtasche, meine Geldbörse war weg. Da waren sicher fünfzig oder hundert Schilling drinnen. Zum Glück hatte der Punk wenigstens meine Karten am Boden gefunden. Als wir wieder vor der Bühne waren, hielt ich zuerst noch Ausschau nach meiner Geldbörse, dann wurde mir klar, dass der Moment wichtiger war als die Kohle, dass das hier mehr wert war als die paar Scheine, und so sprang ich nach vorne, wo die Musiker auf ihre Instrumente einschlugen, um mir mein bisheriges Leben vollends aus dem Hirn hämmern zu lassen.

Als Günther den Nagel ins Zündschloss steckte, sprang der Muli zwar an, das Licht blieb aber aus. Wir fuhren ein Stück, merkten aber bald, dass wir so nicht weit kommen würden.

»Ohne Schlüssel geht das Licht nicht«, sagte Günther. »Also entweder fahren wir erst morgen früh oder wir besorgen uns eine Taschenlampe.«

»Ich muss morgen in die Schule«, warf ich ein.

»Morgen ist Wochenende«, lachte Günther, der damals seine erste Lehre absolvierte.

»Ich hab auch am Samstag Unterricht.«

Jetzt wusste ich zwar, wie man Pogo tanzt, fürs Schuleschwänzen war ich aber noch nicht bereit. Also marschierten wir zum Bahnhof und nahmen den letzten Zug in Richtung Salzburg. Wir hatten kein Geld mehr, um uns Fahrkarten zu kaufen, also sperrten wir uns zu dritt in die Zugtoilette ein. Wenn jemand an die Tür klopfte, machten wir übertrieben laute Furzgeräusche. Am Bahnhof rief der Hansi seine große Schwester aus der Telefonzelle an, damit sie uns abholte. Während ich tags darauf in der Schule hockte, fuhren Günther und der Hansi noch mal nach Linz und mit dem Muli zurück. Erst als Günthers

Nachbar am Sonntag in der Kirche saß, stellte er den Muli zurück in den Schuppen, aus dem er ihn entwendet hatte.

Den neuen Tanzstil brachten wir natürlich mit nach Hause. Ab jetzt wurden in den lokalen Discos und bei Dorffesten Paartänzer angerempelt und Polonaisen durchbrochen. Auch in die Après-Ski-Schuppen hielt Pogo Einzug, aber die Begeisterung der Skilehrer und Touristen hielt sich in Grenzen. Wir bekamen Lokalverbot in den Schirmbars. Wir bekamen auf die Fresse. Aber wir kamen voran. Pogo war unser Aerobic. Und wir waren auf einem guten Weg zu Fitness, Ausdauer und Muskelkraft.

NOSTALGIE IN THE UK

»Eigentlich hätte sich Punk ja nach einem Dreivierteljahr selbst zerstören und dabei alles mit ins Jenseits reißen sollen, das sich in der Nähe befand«, sagt der Hansi. »Stattdessen ist Punk alt geworden und hat seine Gefährlichkeit eingebüßt.«

Wir sitzen im Aufnahmeraum eines freien Radiosenders und beantworten Fragen. Die Moderatorin ist jung und so gut gelaunt, dass einem schlecht werden könnte.

»Branko, du produzierst heute unter anderem Schlagermusik. Manch alter Fan würde hier gerne wissen: Wie kannst du das mit den Idealen deiner Jugend vereinbaren?«

»Das ist das Gefährlichste, was du machen kannst. Wenn man zehn, zwanzig Jahre lang dieselbe Musik produziert, geht man den Weg des geringsten Widerstands, da geht man kaum mehr Risiko ein und überschreitet keine Grenzen. Meine Musik überschreitet Grenzen...«

»Die Grenzen des guten Geschmacks«, wirft Günther ein.

»Meine Musik überschreitet Grenzen und ist genau aus diesem Grund bedrohlich. Wenn ich heute noch den Idealen meiner Jugend nachhängen würde, dann wäre ich ja stehengeblieben, dann hätte ich mich nicht weiterentwickelt.«

»Wie fühlt sich das an, nach all den Jahren wieder gemeinsam unterwegs zu sein?«

Die Moderatorin sieht mich erwartungsvoll an.

»Es ist fast wie früher. Wir haben einen kleinen Bus,

mit dem wir von Stadt zu Stadt fahren. Wir bauen auf, wir spielen. Wir stehen ja erst am Anfang der Tour, noch sind wir trotz unseres hohen Alters gut dabei.«

»Kommt da manchmal ein Gefühl der Nostalgie auf?«

»Dagegen kann man sich fast nicht wehren. Wo früher Anarchie war, haben wir heute Nostalgie. *Anarchy in the UK* – das war mal! Heute sollte es heißen: *Nostalgie in the UK*.«

»Das wäre auch ein guter Titel für euer Comeback-Album. Gibt es diesbezüglich Pläne?«

»Jetzt kämpfen wir uns erst einmal durch diese zwei Wochen, dann sehen wir weiter«, sagt der Hansi. »Wir haben Jobs und Verpflichtungen, ein Album kann man nicht einfach mal aus dem Ärmel schütteln.«

Branko nickt. »Für mich sind das ganz einfach zwei Wochen Urlaub mit alten Freunden. Diese Tour ist kein Reenactment und keine Zeitreise, wie manche es sich vielleicht vorstellen. Wir spielen zwar die Lieder von früher, aber es fühlt sich anders an. Wir sind anders, die Welt ist anders.«

»Wie siehst du das, Günther?«

»Na klar vergleicht man die Gegenwart mit der Vergangenheit. Es hat sich einiges verändert, aber die Musik hat nichts von ihrer Power eingebüßt. Neues Album? Da wär ich sofort dabei. Ich denke gerne an unsere Anfangszeit zurück. Als ich das erste Mal 100 Schilling für einen Auftritt kassiert hab, war ich absolut begeistert. Oida, man konnte mit dem Musikding tatsächlich was erreichen. Erst da kam mir in den Sinn, dass es nicht nur um den Spaß und die Wut ging, sondern dass da durchaus mehr zu holen war. Für mich war die Band schon immer auch ein Versuch, wenn auch ein verzweifelter, vielleicht irgendwie endlich mal verdammt viel Kohle zu machen.«

»Und ist euch das gelungen?«

»Nicht wirklich. Aber was nicht ist, kann ja noch werden. Und bis dahin bekommt man Gratisdrinks in den Clubs.«

Wir bestellen Cola-Rot an der Bar, während *Superschnaps* mit dem Soundcheck beschäftigt ist. Ich frage Günther nach der Gage der ersten beiden Abende, immerhin möchte er ja verdammt viel Kohle machen. Er verspricht, später mit dem Tourmanager oder Johnny Obstler zu reden. Ich schlucke eine Schmerztablette gegen Halsweh mit Kalimotxo hinunter. Die heutige Location hat nichts mit den Linzer Clubs gemein, in denen wir früher gespielt haben. Alles ist auf Hochglanz poliert, wirklich schön.

Für einen Sonntagabend lief der Vorverkauf super, das hat der Hansi am Klo aufgeschnappt. Ich habe das Ende des Wochenendes in letzter Zeit mit Nina vor dem Fernseher verbracht. *Tatort* auf ORF2. Eineinhalb Stunden solide deutsche Abendunterhaltung. Vielleicht verzichtet sie heute auf ihr TV-Ritual und kommt zum Konzert. Ich überlege kurz, ob ich sie anrufen soll, dann bestelle ich mir einen weiteren Kalimotxo. Wir haben drei Getränkebons pro Person bekommen, die werden in der nächsten halben Stunde weg sein.

Heute haben wir zum ersten Mal Zeit für einen ausgiebigen Soundcheck. Günther ist der lauteste Schlagzeuger, den ich kenne. Trotzdem hat er noch nie in seinem Leben Gehörschutz getragen. Jeder dreht die Regler seines Verstärkers nach oben, um das Getrommel zu übertönen.

»Mach mal den Bass leiser, Branko, der dröhnt hier alles voll.«

Branko trägt einen speziell an seine Ohren angepassten Gehörschutz, der unliebsame Frequenzen rausfiltert. Jedenfalls hört er dann nicht mehr optimal und dreht noch lauter auf.

»Ich muss schon hören, was ich spiele.«

Ich habe mir angewöhnt, kleine Stücke von Papiertaschentüchern ins Ohr zu stecken, um den schlimmsten Lärm abzuschirmen. Die Billiglösung führt zum selben Ergebnis. Am besten klingt's natürlich ohne Gehörschutz, aber dann schwillt der Tinnitus zur Kreissäge an, die mir die ganze Nacht lang das Gehirn zersägt. Manchmal schütze ich nur ein Ohr, damit ich zumindest ein halbes Live-Feeling zusammenbekomme, und wechsle dann ab.

»Hansi, du bist viel zu laut.«

»Ich hör noch nichts. Dreh du lieber mal deine Höhen runter, das quietscht doch komplett.«

»Macht mal alle eure Verstärker leiser«, schreit der Tontechniker und dreht dafür die Monitore lauter, bis endgültig alles übersteuert.

Ein wirkliches Problem bei Konzerten sind Tontechniker mit Gehörschaden. Die stehen ihr Leben lang vor riesigen Boxen, waren meistens sogar selber Musiker, was den Ohren ganz und gar nicht guttut, und bestimmen nun die Gesamtlautstärke einer Band. Auf der Bühne bekommt man wenig davon mit, aber alles vor der Beschallungsanlage wird bei diesen Wahnsinnigen zur Todeszone, besonders die ersten paar Meter. Dort kann man sich ohne Ohropax oder Vollrausch – irgendetwas, das die Außenwelt abdämpft und die Reize drosselt – kaum bewegen. Die Musik bläst durch die Gehörgänge wie ein Hochdruckreiniger und hinterlässt verbrannte Haarsinneszellen, zerbrochene Gehörknöchelchen und pures Chaos. Somit ist auch das Gleichgewicht im Arsch. Da ist es kein Wunder, dass manche Konzertbesucher vor der Bühne auf und ab torkeln oder wie irre im Kreis rennen. Eine völlig normale körperliche Reaktion.

Wenn man beim Soundcheck zu lange braucht und gewisse Lautstärken minutenlang feinjustiert, glaubt der

Tontechniker, man sei pedantisch und arrogant. Wenn man sich keine Zeit nimmt, muss man sich die ganze Show über den schlechten Bühnensound ärgern. Und wenn dann der Saal voller Menschen ist, die den Schall absorbieren, ist sowieso wieder alles anders.

»Meine Stimme am Monitor lauter... Da geht noch was... Noch ein bisschen... Lauter!!!... Okay, versuchen wir's mal so.«

Wir bauen den Merchstand auf.

»Die kleine Boutique *Pop ist tot* neben dem Einkaufszentrum *Superschnaps*«, sage ich.

»Wohl eher Greißlerei«, sagt Branko. »Tante-Emma-Laden *Pop ist tot*.«

»Wir haben die exklusiven Stücke, sie die Massenware. Bei uns gibt's Retro-Charme, ein T-Shirt aus dem Jahr 1998, Buttons in limitierter Auflage – ein kleines, aber feines Sortiment. Die coolen Kids kaufen nicht beim Großkonzern.«

»Dann gibt's hier aber verdammt wenig coole Kids. Schau dir das an, ihre Shirts im Sale kosten immer noch mehr als unsere regulär.«

»Vielleicht sollten wir auch die ursprünglichen Preise angeben. Dann wirkt das T-Shirt wie ein Schnäppchen.«

»Ja genau, statt 180 Schilling nur noch 15 Euro. Die Währung verschweigen wir einfach.«

Ich schreibe »180« auf einen Zettel und streiche die Zahl durch, darunter schreibe ich »15« und »NUR FÜR KURZE ZEIT«.

»Das aktiviert den Jagdinstinkt der Konsumenten.«

Günther durchwühlt währenddessen seine Hosentaschen.

»Hab ich wirklich schon drei Getränkebons versoffen?«

»Ich hab auch keine mehr«, sagt der Hansi.

»Drei Markerl pro Person – das ist doch ein schlechter Scherz.«

»Die wollten wahrscheinlich nur sichergehen, dass du dann noch spielen kannst. In deinem Alter sind drei Drinks schlimm genug. Trink mal lieber Wasser, das gibt's gratis.«

Günther schüttelt den Kopf und holt ein 6er-Tray Mineralwasser. Die erste Flasche trinkt er auf ex. Dann greift er nach hinten und schiebt still und heimlich einen Karton Superschnaps zu uns herüber. Er setzt sich unter den Tisch, wo niemand ihn sehen kann, schraubt einen Flachmann nach dem anderen auf und gießt den Inhalt in die leere Wasserflasche. Dann füllt er die Flachmänner mit Wasser und packt sie wieder in den Karton. Er wiederholt den Vorgang mit einer zweiten Wasserflasche.

»Das dürfte für den Abend reichen«, murmelt er, und während der Hansi die Merchverkäuferin mit einer Alibifrage ablenkt, schiebt Günther den Karton zurück an seinen Platz.

»Stellt euch vor, die T-Shirts sind noch nicht mal Fairtrade.«

»Der Schnaps aber hoffentlich schon!«

»Da müsste ich noch mal nachfragen ... Die Crew feiert jedenfalls später in einer Bar um die Ecke, wir sind auch eingeladen.«

»Darauf trinken wir mal einen Schluck Wasser, würd ich sagen.« Wir prosten uns zu und reichen die Flaschen weiter.

Als der Tourmanager an uns vorbeieilt, läuft Günther ihm hinterher und fängt ihn ab. Sie reden kurz, dann kommt Günther schulterzuckend zurück.

»Er hat keine Ahnung, Johnny Obstler kümmert sich um die Gagen.«

»Er ist der verdammte Tourmanager.«

»Aber Johnny ist der Boss.«

Ich sauge weiter an meiner Wasserflasche, und langsam stellt sich ein flauschiges Gefühl ein. Die Hauptsache ist, dass wir hier zusammensitzen und bald ins Scheinwerferlicht schlendern, an einem Sonntagabend ohne *Tatort* und ohne das Grauen der herannahenden Arbeitswoche.

Als der Boss, Johnny Obstler höchstpersönlich, am Merchstand vorbeischaut und die Anordnung der T-Shirts begutachtet, springt Günther auf.

»Heute gibt's keine Gage, dafür aber jede Menge Liebe, Leute und Schnaps«, sagt Johnny.

»Aber...«

»Du weißt eh, wie's läuft, an Sonntagen ist das immer schwierig, da müssen wir froh sein, wenn wir überhaupt spielen können.«

»Und wegen gestern und vorgestern?«, fragt Branko.

»Habt ihr da noch nichts bekommen?«

»Nein, drum fragen wir ja.«

»Schließt euch am besten mit dem Tourmanager kurz.«

»Der hat gesagt, er muss das mit dir klären.«

»Tina, bring den Jungs mal ein paar Goodies!«

»Johnny, wir brauchen kein...«

»Tina!«

»Oida...«

»Wir sehen uns später, ähm, Gregor?«

»Günther!«

»Ja genau, Günther.«

Er klopft ihm auf die Schulter.

»Amüsiert euch gut!«

Tina bringt uns einen Flachmann und eine Handvoll Sticker. Einen. Einzigen. Verdammten. Flachmann. Für vier ausgewachsene Männer, die ihre Getränkebons schon verbraucht haben und für den heutigen Auftritt anscheinend keine Gage bekommen.

»Was hast du denn vorab ausgehandelt, Gregor? Äh Günther?«, fragt Branko.
»So genau haben wir ... Die wollten uns unbedingt mit dabei haben. Johnny war echt froh, dass wir so kurzfristig eingesprungen sind.«
»Haben wir nichts Schriftliches?«, fragt Branko.
Günther schüttelt den Kopf.
»Geht's hier wirklich um die Kohle? Darum ist es uns früher auch nicht gegangen«, sagt der Hansi.
»Du hast leicht reden«, sage ich. »Da geht's um Wertschätzung. Ums Prinzip. Und natürlich geht's auch um die Kohle.«
»Blasen wir die Wichser erst mal von der Bühne.«

Jetzt muss ich meine Stimme wirklich schonen, ich rede heute mit keinem mehr. Der *Tatort* ist gelaufen. Am besten gehe ich sofort ins Bett, sonst nimmt das hier ein böses Ende, mein Rachen brennt, ich brauche dringend Wasser. Ich pruste und würge. Zumindest sind jetzt alle Viren abgetötet. Der Schnaps vertreibt die Müdigkeit, der Motor läuft langsam wieder an.

Günther hat so hart und schnell gespielt wie selten zuvor. In der Bar grinst er mich mit riesigen Pupillen an und schreit: »Wo sind die *Superschnaps-Nasen*? Jetzt schauen wir mal, wer hier wen unter den Tisch trinkt.«
»Die schlafen schon«, sagt Ramona.
»Ha! Wir haben's halt immer noch drauf!«, schreit er und hebt die Hand zum High-Five. Der Hansi sieht echt mitgenommen aus, Branko schaut auf seine Armbanduhr. Die Crew bestellt eine Runde Tequila für alle, ich lehne dankend ab. Sie stoßen an und ich sehe, wie der Hansi seinen Shot vermeintlich unauffällig auf den Boden kippt. Günther ist der Einzige von uns, der mit der Crew mithalten kann. Er quatscht Sonja zu, der Hansi setzt sich nieder, weil ihm die Beine wehtun. Branko holt

sich den Schlüssel vom Veranstalter und geht schon mal vor, ich bestelle mir eine Tasse Kamillentee. Der Barkeeper reicht mir ein kleines Tableau über den Tresen zu, ich drehe mich um, stoße irgendwo dagegen, Tee schwappt über, ich verbrenne mir die Finger und lasse die Tasse fallen. Genau in dem Moment endet der Song und die Tasse zerspringt klirrend auf dem Boden. Absolute Stille, alle starren mich an. Auch Ramona hält einen Moment inne, mustert mich mit einem strengen Blick und ruft dann aus voller Kehle: »Yeah, das ist Punkrock!!!«

Wie auf Kommando kracht ein Song von *Rancid* aus den Boxen. Alle lachen und ich zucke mit den Schultern. Ich drehe mich wieder um zur Bar und bestelle mir einen Drink, der leichter zu handhaben ist.

RUHETAG

Die Vögel singen, die Sonne scheint durchs Fenster. Kein Wecker, kein Stress, kein verdammter Frühverkehr. Ich brauche ein paar Augenblicke, bis ich mich orientieren kann und weiß, wo ich bin. Leichtes Schnarchen dringt aus den Schlafsäcken am Boden, ein sanfter Luftzug weht von draußen herein. Das Wohnzimmer des Veranstalters ist nicht gerade geräumig, bietet aber genug Platz für eine Band ohne große Ansprüche. Ich liege auf dem Ausziehsofa und betrachte die gerahmten Tourplakate an den Wänden. Hauptsächlich Black Metal. Erinnerungen hinter Glas, verschnörkelte, abstruse Bandnamen, so kunstvoll und unergründlich wie das Lächeln der Mona Lisa. Als ich mich aufsetze, greife ich in ein Büschel Haare, jemand knurrt und haut mir einen Ellenbogen in die Rippen. Dann dreht sich der Körper zu mir und legt einen Arm um meine Brust. Ramonas Haut ist warm, ihre Haare riechen nach Rauch. Ich befreie mich aus ihrem Griff und gehe ins Bad.

Ein Montagmorgen ohne Deadlines und Meetings, ohne die elendige Aussicht auf fünf Tage Business. Unser Gastgeber hat einen Zettel hinterlassen. Er musste früh in die Arbeit, ein Wochenendreveluzzer wie so viele von uns. Am Gang hängt eine Akustikgitarre an der Wand, die schnappe ich mir und setze mich auf den Balkon. Über den Dächern von Linz klimpere ich drauflos, unter mir ein Innenhof mit Bäumen, Sonnenstrahlen kitzeln mein Gesicht, in der Ferne der Pöstlingberg. Ich spiele eine Melodie, nuschle Wörter dazu und schreibe tatsächlich zum ersten Mal seit vielen Jahren einen Song. Noch angeschlagen von letzter Nacht, müde, aber munter – da ist das Gehirn benommen und unvoreingenommen genug, um kreativ zu sein. Der Text kommt wie von selbst, als würde er in der Luft hängen und ich müsste nur zugreifen. Plötzlich vibriert meine Hose. Ich versuche das Brummen zu ignorieren und ändere einen Akkord, um dem Refrain einen emotionalen Twist zu geben. Der Anrufer lässt nicht locker. *Doris Hipsterhölle.* Vier Anrufe in Abwesenheit. So ist das also, wenn man einen Tag lang nicht in die Arbeit geht: Da gibt's Telefonterror in aller Herrgottsfrühe, auf einmal wären die gnädigen Damen froh um meine Anwesenheit, jetzt wäre ich plötzlich wieder erwünscht. Vielleicht geht der Dildodeal ohne meinen Input flöten, geschieht ihnen nur recht, womöglich machen sie sich sogar Sorgen, dass mich ein SUV vom Fahrrad geschossen hat, und rufen alle Krankenhäuser durch, weil sie mich nicht erreichen, sollen sie nur machen, ich habe mir meine Auszeit hart verdient. Keine Ahnung, wie der Akkord heißt, aber der klingt nicht schlecht, klingt echt nicht schlecht.

An freien Tagen auf Tour schläft man aus, erkundet die Stadt, schont die Leber und genießt das Leben. Wenn man eine längere Fahrt vor sich hat, legt man Zwischenstopps ein, um sich Sehenswürdigkeiten anzuschauen, Freunde zu besuchen oder in einen See zu hüpfen. Solche Tage kommen gänzlich ohne Scheinwerferlicht aus, ohne Applaus oder Ekstase. An Ruhetagen sind Musiker Touristen, nur besser angezogen.

Günther durchsucht die Küchenschubladen nach etwas Essbarem. So fahrig wie der drauf ist, macht es nicht den Eindruck, als ob er überhaupt geschlafen hätte. Das Frühstücksangebot stellt ihn nicht zufrieden, aber im Gefrierschrank findet er Fertigpizzen und andere Tiefkühlkost. Er schiebt zwei Pizzen ins Backrohr und füllt den freien Platz rundherum mit Fischstäbchen und Röstgemüse auf. In der Mikrowelle erwärmt er zwei Lasagnen und währenddessen inspiziert er den Weinvorrat. Irgendwann schreit er: »Scheiß auf Frühstück, Oida. Das Mittagessen ist fertig!« Nach dem Festmahl beseitigen wir das Chaos, legen den Schlüssel auf den Küchentisch und schließen die Tür von außen. Natürlich nehmen wir auch den Müll mit nach unten.

Günther: »Das muss man sich mal vorstellen: Wir haben nie ein Hotelzimmer demoliert.«

Ich: »Weil wir nie in einem übernachtet haben. Also, als Band.«

Branko: »Was hätten wir denn groß demolieren sollen? Die Gästebetten der netten Leute, die uns aufgenommen haben? Den Club, in dem wir nach Sperrstunde auf der Bühne geschlafen haben?«

Ich: »Das ist ja generell mehr so das Rockstar-Ding, Hotelzimmer zerstören, genau wie Groupies, Heroin oder Gitarrensolos.«

Branko: »Das sagst du nur, weil du keine Gitarrensolos spielen kannst.«

Ich: »Wenn du heute ein Hotelzimmer zerstörst, musst du's auch bezahlen. Wer kann sich das heutzutage noch leisten?!«

Der Hansi: »Ich glaub, das betrifft mittlerweile eher DJs, die scheffeln ja die Kohle. Und bei den heftigen Partys kann schon mal ein Bett kaputtgehen.«

Günther: »Dagegen kann man sich bestimmt versichern. Die Wahrscheinlichkeit, dass mal ein Fernseher aus dem Fenster fliegt, ist ja nicht gering.«

Der Hansi: »DJ müsste man sein.«

Ich: »Panic on the streets of London...«

Ramona: »Ich hab mir das irgendwie anders vorgestellt.«

Günther: »Was denn?«

Ramona: »Naja, die Leute von *Superschnaps* tun alles dafür, um Rockstars zu sein, ihr wollt DJs sein, da bleibt Punkrock irgendwie auf der Strecke, findet ihr nicht?«

Günther: »Du vergisst den Teetasseneklat von gestern.«

Ich: »Ha-ha! Wie hättest du dir's denn vorgestellt?«

Ramona: »Ich bin ja erst relativ spät zum Punk gekommen, aber als ich das erste Mal die *Ramones* gehört hab, wusste ich: Das ist meine Musik, das ist mein Ding. Wisst ihr, was ich meine? Punk ist für mich dieses unbeschreibliche Gefühl der Freiheit. DIY. Du brauchst keine Ausbildung, keine Erfahrung, du machst es einfach, du machst das, was du schon immer machen wolltest und gibst einen Fick drauf, was andere davon halten. Du zeigst den Leuten, die sagen, du bist zu jung, zu weiblich, zu whatever, dass sie unrecht haben. Scheiß auf den Status quo, scheiß auf DJs und Versicherungen. Wenn du gerade Lust hast auf Zerstörung, fragst du dich doch nicht, wer das verdammte Hotelzimmer bezahlt!«

Der Hansi: »Am besten gründest du einfach selber eine Band, dann könnt ihr zerstören, was ihr wollt.«

Ramona: »Ich hab eh eine Band. *Hystéra*, da machen wir so Riot-Grrrl-Noise-Post-Punk. Ich spiel Bass. Drum bin ich auf dieser Tour dabei. Johnny wollte uns nicht als Vorband, aber für ein Crewmitglied war noch Platz. Zuerst war mir das zu blöd, dann hab ich gedacht, schau dir mal an, wie das so läuft, knüpf Kontakte und geh dann selber auf Tour. Und es ist wirklich sehr aufschlussreich, vor allem aus feministischer Perspektive.«

Der Hansi: »Wie meinst du das denn jetzt?«

Ramona: »Euch fällt das ja gar nicht auf. Auf der Bühne siehst du nur Männer, auch in den Songs kommen Frauen maximal als Objekt der Begierde vor, kein Wunder, dass so wenig Frauen zu den Konzerten kommen.«

Branko hebt, um dem entgegenzuhalten, die Vorteile der Schlagerindustrie hervor, und bevor irgendwer einen Einwand machen kann, legt Ramona einen drauf: »Punk braucht Feminismus, sonst ist er inkonsequent, irrelevant und dem Untergang geweiht. Scheiß auf die Arroganz, scheiß auf das Rockstartum, scheiß auf die ganze Machoscheiße.«

Diese Ansage sitzt. Sogar Günther hält einfach mal die Fresse. Er hockt in Embryonalstellung in seiner Ecke und starrt aus dem Fenster. Branko telefoniert mit einem seiner Schlagerfuzzis, der Hansi fährt und ich lasse mir von Ramona zeitgemäße Social-Media-Strategien erklären. Kurz vor der Grenze zu Slowenien verlassen wir die Autobahn und fahren durch ein verschlafenes Nest. Laut Günther gibt es hier ein sensationelles Highlight der südsteirischen Kunst- und Kulturgeschichte, ja etwas weltweit Einzigartiges. Bei der Abfahrt war er noch enthusiastisch, jetzt sagt er kaum ein Wort. Wir hoffen auf eine Weinverkostung.

Wir halten vor einer Kirche und gönnen dem überhitzten Motor eine Verschnaufpause. Vier Stunden Fahrt in diesem Gefährt, zusammengepfercht und durchgeschüttelt, wirken sich auf den Körper aus wie ein 20-Stunden-Flug mit Turbulenzen. Ich strecke meinen Körper, mache Dehnübungen auf dem Parkplatz und suche Abkühlung in der Kirche. Anstatt bei den typischen Sehenswürdigkeiten Halt zu machen, die sowieso alle kennen, nehmen wir uns an freien Tagen kleine, banale, am liebsten obskure Attraktionen vor. So gehen wir den Touristenströmen aus dem Weg und sehen das echte Österreich jenseits von Kitsch, Kommerz und Werbefilmen. Die Kirche ist recht schön, aber nichts Besonderes. Ich sehe mich ratlos um. Wo bleibt jetzt der Wein? Als Letzter stürmt Günther in die heilige Stätte, wieder voll bei Kräften, und beginnt sofort zu referieren.

»Die Wallfahrtskirche St. Vitus… Um 1200 das erste Mal urkundlich erwähnt… Man betrachte den kunstvoll gestalteten Hochaltar: Ein Kind wird in einen Kessel mit siedendem Öl gestoßen. Brutal, oder? Das ist der heilige Veit, der Schutzpatron der Apotheker, Bierbrauer und Winzer.«

»Dem bringst du jetzt ein Opfer dar, damit die dich weiter mit Stoff versorgen?«

»Nicht nur das! Er ist auch der Schutzpatron der Tänzer. Nach ihm ist das Phänomen des Veitstanzes benannt. Im Mittelalter kam es vor, dass große Gruppen ohne ersichtlichen Grund tagelang wie wahnsinnig tanzten, bis sie erschöpft kollabierten oder sogar starben. Die Wissenschaft hat das bis heute nicht restlos geklärt.«

»Quasi ein mittelalterlicher Rave, oder wie?«, fragt Ramona.

»Ich stell mir das schon auch pogomäßig vor. Vielleicht ist das, was wir jeden Abend vor der Bühne beobachten, eine abgeschwächte Form so einer Massenhysterie. Und nur durch den Schutz des heiligen Veit, um den ich hiermit bitte«, er breitet die Arme aus und schaut andächtig auf den Hochaltar, »artet das nicht in eine Tanzwut mittelalterlicher Dimension aus. Wenn ihr also bei jemandem einen irren, tänzelnden Gang oder andere krankhafte Bewegungen bemerkt, ruft den heiligen Veit an und alles wird gut.«

»Gut zu wissen. Danke, Günther.«

»Da hat sich deine Bildungskarenz aber ordentlich ausgezahlt.«

Er trippelt die Stufen zum Altar hinauf, und ich beginne mir allmählich Sorgen um ihn zu machen.

»Aggressives und enthemmtes Tanzen, unkontrolliertes Zucken, Schaum vor dem Mund – der heilige Veit heilt alle Sünder.«

»Und deswegen sind wir hier?«

»Stress nicht, Oida. Das Beste kommt zum Schluss: Seht ihr das Gemälde an der Decke?«

Die gesamte Reisegruppe starrt gespannt nach oben. Günther läuft zur Höchstform auf.

»Diese Malerei stammt von Felix Barazutti. 1921, wenn ich mich nicht irre. Auf den ersten Blick nichts Außergewöhnliches: Engel, Jesus, der Papst... Aber wenn man genau hinschaut, erkennt man den Untergang der österreichisch-ungarischen Monarchie. Rechts hinten wiegelt Marx die Arbeiter auf. Karl Marx, hier in der Kirche, das müsst ihr euch mal vorstellen, Oida. Kaiserstatuen werden gestürzt, das Reich zerbricht. Ein Hund hat die Insignien des Kaisertums im Maul. Das Zepter und die Krone, alles geht vor die Hunde. Den Reichsapfel hat er wahrscheinlich schon gefressen. Der Untergang des Abendlandes über den Häuptern der Gläubigen. Ist das nicht der Wahnsinn?«

Alle nicken.

»Mag sonst noch wer ein Leberkassemmerl?«, fragt Branko und geht nach draußen in die Sonne.

Während Branko die Stärkung besorgt, entdeckt der Hansi ein Wellnessstudio auf der gegenüberliegenden Straßenseite. Kurze Zeit später sehen wir ihn hinter der Glasfront sitzen, Fußbad, Maniküre, das volle Programm. Branko hat sein Semmerl mit drei Bissen verdrückt. Jetzt hat er seinen Laptop aufgeklappt und versucht auf der Rückbank zu arbeiten, er trägt Kopfhörer und starrt konzentriert auf den Bildschirm. Günther inspiziert währenddessen die Seitenaltäre der Kirche oder die Orgelempore oder sonst was. Ich fummle mein Telefon aus der Hosentasche, keine Vorkommnisse seit den Anrufen am Vormittag. Ich denke an Nina, bin kurz davor, sie anzurufen. Dann knackt etwas neben mir. Ramona isst das vegane Tagesgericht: einen Apfel.

»Vier Typen, die so unterschiedlich sind, wie klappt das bei euch?«, fragt sie.

»Puh, da muss ich mal drüber nachdenken«, sage ich und nehme mir vor, das tatsächlich bald zu tun.

SIGI STARDUST

Seit den späten Neunzigern ist der Sigi ein treuer Begleiter von *Pop ist tot*. Günther war ein guter Freund von ihm und ist es noch heute. Der Rest von uns hat sich – bis auf gelegentliche Begegnungen – von ihm ferngehalten. Wenn der Sigi es sich bei jemandem gemütlich gemacht hat, kriegt man ihn schwer wieder los. Er nistet sich ein und legt es darauf an, für immer zu bleiben.

Ljubljana glänzt im Orange der untergehenden Sonne. Die ehemalige kaiserlich-königliche Bastion im Kronland Krain ist auf den ersten Blick noch immer eine österreichische Stadt. Die Lossagung von der Monarchie hat der Gegend aber spürbar gutgetan. Die Menschen sind ausgelassener, nicht so grantig wie in Österreich, fröhlicher, trinken Cocktails an der Flusspromenade. Die mediterrane Lebensfreude überlagert die modrig-monarchische Grundstimmung. Wenn deutschsprachige Bands im Ausland spielen, ist mir das immer etwas unangenehm. Diese harte, effiziente Sprache, da schwingt die Invasion schon mit. Mit unserem ländlichen Dialekt runden wir die Kanten zum Glück ab, wir klingen weicher, rustikaler, und das durch unsere Trinkgewohnheiten hervorgerufene Lallen macht uns gleich noch sympathischer. Somit werden wir für harmlos befunden und haben in der Regel nichts zu befürchten.

Den Sigi gibt's nicht wirklich. Das Problem mit Codewörtern ist, dass sie nutzlos werden, wenn sie jeder kennt. Genauso wie es keinen Sinn ergibt, Normalität vorzutäuschen, wenn für jeden offensichtlich ist, dass etwas grob im Argen liegt. Günther changiert seit Tagen zwischen überdrehter Euphorie und Niedergeschlagenheit, ein altes Muster, dessen Ursprung naheliegt. Es regt mich furchtbar auf. Wie klappt das mit uns? Oder besser: Klappt es überhaupt? Wenn ja, wie lange geht es gut?

Wir sitzen zu fünft an einem Tisch im Freien, in dieser Mischlingsstadt aus West und Ost, Nord und Süd. Hier vermengt sich der alte Glanz mit frischem Lack, alles schreit nach Aufbruch. Nebenan bestellt ein Ami Bärenfleisch. Das Imperium ist schon lange tot, wir trinken Wein und Limonade. Günther schlürft seine Sauerkrautsuppe hastig in sich hinein und übertönt damit die ganze schöne Klangkulisse, das Plätschern des Flusses und die flanierenden Menschen. Gerade dieser Moment, den nicht mein Tinnitus beherrscht, wird dadurch komplett zerstört. Ich stelle mir vor, wie ich Günthers Kopf in die Suppenschüssel klatsche und ihn so zum Schweigen bringe.

Branko hingegen spießt eine einzelne Olive auf seine Gabel und beißt dreimal davon ab, er lässt die Aromen geduldig auf seinen Gaumen wirken und braucht ewig für jeden Bissen. Jetzt kommen Günthers Teigtaschen. Wie kann man nur so schlingen? Noch dazu schnauft er beim Essen, als wäre er kurz vor dem Ersticken, zwischendurch quatscht er auch noch mit vollem Mund, sein Gesicht läuft rot an, er trinkt einen großen Schluck Wein, ohne vorher den Bissen runterzuschlucken, alles vermengt sich im Mund, ich sehe seinen Rachen, wo sich unzerkaute Brocken verkeilen und langsam aufweichen, und bin kurz davor, auf mein Essen zu kotzen, das ich noch gar nicht angerührt habe.

»Hast du keinen Hunger?«, fragt der Hansi.

»Geht so«, sage ich und überlege, ob ich die Gabel in meine Kartoffeln stecken oder damit Günthers Zunge am Tisch festnageln soll. Wo bleiben diese Geigenspieler, die sich viel zu nah an einen Tisch stellen und ungefragt drauflosquietschen, wenn man sie mal braucht?

Nach dem Essen rufen Branko und der Hansi zu Hause an und reden mit ihren Liebsten. Günther ist am Klo, wahrscheinlich für ein Chemistry-Meeting der etwas anderen Art, und Ramona schaut in ihr Smartphone, ist ja ihr Beruf, mehr oder weniger. Nina könnte sich auch einfach bei mir melden. Ich überlege, wen ich sonst anrufen könnte, aber mir fällt niemand ein.

Ich bin da, wo ich vor zwanzig Jahren schon mal war: auf Tour. Mit dem Unterschied, dass es sich anders anfühlt, ganz und gar anders. Die Unbekümmertheit ist einem Getriebensein gewichen, ich bin angespannt und reizbar. Nichts bereue ich mehr als den Kniefall vor der Konformität, als wir die Band hingeschmissen haben und ich der Musik den Rücken kehrte, das halbherzige Schwanken, die Kompromisse. Ich bin nicht den ganzen Weg gegangen, sondern in einer Zwischenwelt steckengeblieben. Mein Herz ein Kompass, der verrücktspielt. Ich würde mir das schon zutrauen, Abteilungsleiter sein, Familienvater und Hundeherrl. Wenn aber alle Türen offenstehen, auf beiden Seiten des Korridors, dann sehe ich die unzähligen Möglichkeiten durch den Spalt, wäge die Vor- und Nachteile ab. Über den vertagten Entscheidungen schwebt die Frage »Was wäre, wenn?« als andauernder Piepton in meinem Ohr. Ich habe mich nie festgelegt. Jetzt wird's langsam eng, die Türen schließen sich, eine nach der anderen fällt ins Schloss, und ich muss die Entscheidungen treffen, die ich jahrelang vor mir hergeschoben habe. Irgendwann werde ich keine Wahl mehr haben.

Ramona ist abgehauen, um zu arbeiten. Der Hansi telefoniert noch immer mit seiner Frau, er gestikuliert wild, ich kann nicht hören, was er sagt. Scheinbar gibt es einen Konflikt, kein Wunder eigentlich, wenn er spontan beschließt, wochenlang mit suspekten Figuren aus seiner Vergangenheit durch Mitteleuropa zu gondeln. Aber der Streit wird sich legen. Er wird zurückkommen in sein schönes großes Haus und sie werden auf ihn warten. Er wird in den Pool steigen und alles von sich abwaschen. Den Grind, den Schnaps, die Kilometer. Vielleicht lässt er ein Foto rahmen: Er mit der Gitarre auf der Bühne. Das wird sich gut machen zwischen seinem Zeugnis für den Master of Business Administration und dem Start-up-Preis.

Wir lassen den Abend im Kulturzentrum Metelkova ausklingen. Bunte Baracken, überall Punks mit Bier am Boden, eine fröhliche Geisterbahn mit Kicks für jeden, der sich darauf einlässt. Früher war das Areal eine Kaserne der österreichisch-ungarischen Armee, heute ist es ein Hort der alternativen Kunst- und Musikszene. Vor einem Club führen Autonome eine Performance auf, sie tanzen zu wildem Drum'n'Bass und verrenken ihre halbnackten Körper. Hier ist die Monarchie endgültig tot. Touristen schießen Fotos. Ein Hipster mit riesigem Schnurrbart, der aussieht wie der verwahrloste Franz Ferdinand im Exil, verteilt Flyer: Morgen steht ein Workshop zum Thema *Anarchosyndikalismus in Frankreich* auf dem Programm, danach gibt es *Punk Rock iz Avstrije*. Der Thronfolger wurde noch weiter im Süden erschossen, aber es hätte auch hier passieren können, es hätte jeder sein können, der anlegte und abdrückte, der mutig genug war, der Zeit einen Tritt in den Arsch zu verpassen. Wie man den penibel geführten Schusslisten entnehmen kann, erlegte Franz Ferdinand seinerseits im Laufe seines Lebens mehr als 274 000 Tiere. Am Ende war er selbst nur ein Stück Wild, das in das Schussfeld seines Mörders geraten war. In jedem Stein und jedem Schnauzer schlummert ein Flashback geradewegs zur Monarchie. Besonders hier, wo früher Soldaten zum Appell antraten. Als Großmacht in den Krieg getaumelt, sind vom Stolz der Monarchie nur blutbefleckte Splitter übriggeblieben. Der Verlust jeglicher politischen Bedeutung führte Österreich in eine bittere Identitätskrise, die bis heute nachwirkt. Attentat, Weltkrieg und Zerfall als kollektive posttraumatische Belastungsstörung, die wir durch Reisen in die alten Kronländer zu lindern suchen. Am Strand, im Schloss, auf der Bühne fühlen wir uns wieder groß. Die Insignien des Kaiserreichs werden in Wien noch immer hochgehalten, dabei hätte man sie den Hunden überlassen sollen, alle Statuen stürzen und alles dem Vergessen anheimfallen lassen. Keine Souvenirs und kein Nachtrauern, das wäre das Beste gewesen. In Monarchien und in Bands.

Günther tuschelt mit einem der lokalen Anarchos. Der Typ hat einen Skullet, die fragwürdige Kombination von Vokuhila und Glatze, noch dazu mit violetten Dreadlocks, die ihm bis zum Arsch reichen.

Stunden später entdecken wir Günther an eine Mülltonne gelehnt, im Unterhemd und komplett verschwitzt. Sein Anblick verrät nichts Gutes. Branko schnaubt verächtlich und geht zurück zur Bar. Ich laufe zu Günther, um seinen Puls zu fühlen, während der Hansi lachend auf uns zu schlendert.

»Hey Günther, du alter Partytiger«, sagt der Hansi.

Entweder hat sich Günther in eine Pisselache gesetzt oder diese selbst verursacht, jedenfalls stinkt es erbärmlich nach Müll und Körperflüssigkeiten aller Art.

Wie war das noch mal, ansprechen, berühren, Schmerzreiz setzen. Das Ansprechen hat der Hansi übernommen, also zwick ich ihn fest in den Handrücken. Da er keinen Mucks von sich gibt, klatsche ich ihm ein paarmal ins Gesicht.

»Jetzt lass ihn doch«, sagt der Hansi. »Der ist fertig für heute, der hat das jetzt gebraucht. Wegen der Jenny, der toten.«

»Fuck, das läuft hier irgendwie aus dem Ruder.«

»Scheiß dich nicht an, der wird schon wieder.«

Auf einmal ist Branko wieder da. Er murmelt was von »derselbe Mist wie früher«, und während er einen kräftigen Schluck aus seiner Bierflasche nimmt, kippt er ein Glas Wasser in Günthers Gesicht. Der prustet und schnappt nach Luft.

»Fuck, Oida«, sagt er leise und fährt sich durch die nassen Haare.

»Komm, wir gehen nach Hause.«

Der Hansi und ich helfen ihm hoch. Wir stützen ihn und legen seine nasskalten Arme um unsere Schultern. So stolpert er vor sich hin.

»Mann, ich versteh ja, dass es dir kacke geht. Der Verlust von Jenny… Echt heftig, wenn man einen geliebten Menschen verliert…«

»Was?«, fragt er benommen.

»Jenny, deine tote Freundin.«

»Meine tote Freundin, hahaha.«

Der Weg zum Militärgefängnis ist nicht weit. Wir schlafen in einer aufgehübschten Gefängniszelle, die mich an meinen Arbeitsplatz erinnert. Günther ist kein Kandidat fürs Hochbett, also klettern der Hansi und Branko nach oben. Ich ziehe Günther aus, und für einen Moment ist er wieder voll da.

»Wo sind wir?«

»Im Gefängnis.«

»Schönes Gefängnis.«

»Ja, das ließe sich schon aushalten in diesem Hostel. Lebenslang in Ljubljana.«

Ich decke ihn zu.

»Was, wenn wir gar nicht in Ljubljana wären?«

»Wie meinst du das?«

»Na, wenn das hier nicht Slowenien wäre oder Europa. Weißt du? Wenn das nicht die Erde wäre, sondern etwas anderes, ein riesiges Raumschiff, ein unbekanntes Flugobjekt?«

»Hä?«

»Oida, wenn wir auf einer intergalaktischen Reise wären, mit Lichtgeschwindigkeit durch unendliche Weiten, zu den gefährlichen Ecken des Universums. Wie Pancho Misterio und die Neochilenen. Und was, wenn mein Rausch der Treibstoff wäre? Kann doch sein, Oida. Hier in diesem Raumschiff, das aussieht wie Europa. Wir sind urschnell unterwegs und Sigi Stardust ist der Navigator. Aussteigen ist nicht. Wir haben das Ticket gekauft und bleiben sitzen bis zur Endstation.«

Dann bricht er ab, und das lauteste Schnarchen, das man sich vorstellen kann, übernimmt die Kontrolle. Von welchem Raumschiff spricht er? Während wir auf Tour sind, ist er auf einem ganz anderen Trip. Ich krame in meinem Kulturbeutel nach einem mitternächtlichen Snack. Solange Günther röchelt, weiß man zumindest, dass er noch unter uns weilt.

UNTERM HAMSTERRAD

Die Fahrt dauert eine halbe Ewigkeit und führt uns durch Gegenden, in denen wir noch nie gewesen sind. Trotzdem beschleicht mich das Gefühl, das alles schon einmal gesehen zu haben.

Wenn die Straße auch nur minimal ansteigt, verliert der Ford Transit an Power. Da sind 40 km/h das höchste der Gefühle. Wir werden angehupt, ausgelacht und von Lkws überholt. Wenn es dann wieder bergab geht, sind wir schnell genug für die Überholspur und holen die Lkws wieder ein. Bei der nächsten Steigung wiederholt sich das Spiel von vorne, nur dass die Trucker dieses Mal noch angepisster sind, weil sie uns erneut überholen müssen. Sie hupen wie die Wahnsinnigen, kommen uns mit ihren riesigen Reifen gefährlich nahe und würden uns am liebsten in den Straßengraben schieben.

Heute findet das erste Konzert ohne *Superschnaps* statt. Die spielen in Wien bei einer TV-Gala, da war für uns kein Platz. Im Handumdrehen hat Günther alte Kontakte reaktiviert und uns einen Auftritt in Ungarn besorgt. Der Booker hat früher Konzerte weiter im Norden veranstaltet und wohnt mittlerweile in Szombathely, nicht weit von der österreichischen Grenze entfernt. Also machen wir einen Abstecher nach Transleithanien, in die ungarische Reichshälfte dieser kaputten Monarchie.

Ramona fährt nun endgültig bei uns mit. Ob sie sich aus reiner Sympathie für unsere Gesellschaft entschieden hat, *Superschnaps* weiteren Polizeistrafen entgehen will oder ob es an der Social-Media-Strategie liegt, die sie für uns plant, um uns endlich ins 21. Jahrhundert zu katapultieren, wissen wir nicht. Wir haben nichts dagegen. Die Anwesenheit einer Frau auf Tour bringt bedeutende Vorteile mit sich: Es wird mehr auf Körperhygiene geachtet, weniger gefurzt und weniger Bullshit gelabert. Jeder gibt sich Mühe, keine Langeweile aufkommen zu lassen und auf einmal ist der latente Druck abgefallen, uns permanent gegenseitig übertrumpfen zu müssen. Jetzt wollen wir ihr gegenüber Eindruck schinden und zeigen auch mal unsere guten Seiten. Außerdem mag ich, wie ihre Haare im Fahrtwind wehen, der beste Duftbaum, den es gibt. Die Nachteile sind überschaubar: Flatulenzen zurückhalten bis zum nächsten Stopp und mit einer anderen Sichtweise konfrontiert werden, einem fremden Blick auf die Szene, auf die Welt. Das heißt, die Komfortzone zu verlassen und feministische Standpunkte kennenzulernen, was dem schwachen Männergemüt schon einiges abverlangen kann.

»Der Ford ist auf alle Fälle mehr Punk als der Nightliner«, sagt Ramona.

»Mein Rücken erträgt das nicht mehr lange«, sagt der Hansi.

»Was? Den Ford oder den Punk?«

Branko schlägt auf das Lenkrad ein. Er fährt, weil Günther dazu immer noch nicht in der Lage ist. Die Stimmung ist im Keller. Wir kämpfen uns im zweiten Gang über die Autobahn und ein Lkw schneidet uns nach seinem Überholmanöver. Es ist drückend heiß und Branko kurz vorm Explodieren.

»Wir sind wie dieser verfickte Ford. Längst über der Zeit und komplett am Arsch.«

»Bergab geht's wieder schneller«, sagt der Hansi.

»Das stimmt. Ihr habt nicht mal mehr die Energie für 40 Minuten Action auf der Bühne. Die Show gestern war mehr als peinlich. So holprig wie die Fahrt hier, und dann auch noch die Gitarren verstimmt und das elendige Gekotze.«

»Das ist nun mal kein Schlager, Oida«, sagt Günther von der Rückbank.

»Du kannst nicht dein Leben lang Punk als Ausrede für dein Scheitern verwenden.«

»Fick dich, Branko. Da scheitere ich lieber, als meine Seele zu verkaufen.«

»Ich will euch ja nicht zu nahe treten, aber ihr seid mir echt schöne Suderanten«, sagt Ramona.

Auf einmal sind alle still.

»Andere Leute hocken jetzt gerade bei ihren Bullshitjobs, aber ihr seid on the road. Und dann beklagt ihr euch über Rückenschmerzen, verstimmte Gitarren, den verkackten Motor dieses verkackten Autos. Und was ist eigentlich mit dir los?« Sie dreht sich zu mir. »Du hörst zu und hältst die Klappe, als würde dich das alles nichts angehen. Als wärst du weit weg von all dem hier.«

»Was soll ich denn sagen? Gestern waren wir unter aller Sau, kann schon mal passieren. Es ist halt nicht wie früher. Und so wird es auch nicht mehr sein.«

»Und deshalb sind jetzt alle scheiße drauf? Da wär ich mal lieber im Nightliner geblieben.«

Mein Telefon klingelt. Nina? Doris. Ich drücke sie weg.

»Anrufe ablehnen, den Konflikten ausweichen, ich glaub, ich erkenn da ein Muster.«

In gewisser Weise hat Ramona recht, trotzdem hat sie kein Recht, sich einzumischen. Sie geht mir auf die Nerven, aber ich reagiere nicht, schaue lieber den Bäumen beim Vorüberschleichen zu. Wir halten uns zurück. Wäre sie nicht dabei, wären wir uns wohl schon längst an die Gurgel gegangen.

Das Konzert nach einem Ruhetag ist normalerweise genauso miserabel wie das erste Konzert einer Tour. Entspannt und wohlgenährt ist man zu lasch, um anständig abzuliefern. Da unser Ruhetag mindestens genauso anstrengend war wie ein regulärer Tourtag, hätten wir eigentlich super sein müssen. Waren wir super? Branko sieht das nicht so. Wenn ich ehrlich bin, habe ich mich auch ein bisschen geniert. Nicht so sehr vor den Anarchos, eher vor Ramona und den zufällig anwesenden Touristen. Die wissen jetzt, dass Punkrock genauso beschissen klingt, wie sie immer dachten. Andererseits: Nichts ist langweiliger als eine Band, die in sich ruht. Heute ist ein neuer Tag, eine neue Chance, auf die Schnauze zu fliegen. Oder eben nicht. Eine wütende Band kann sich selbst zerstören oder einen kathartischen Prozess auslösen. Wenn wir unsere verdrängten Emotionen an die Oberfläche befördern, wenn wir unserem Ärger lauthals Luft machen und vor allem: wenn wir miteinander spielen und nicht gegeneinander.

Und wenn wir das Set dann endlich einwandfrei beherrschen, ist die Tour wieder vorbei.

Früher mussten wir uns nicht auf eine Tour vorbereiten. Wir probten sowieso ständig und waren die meiste Zeit auf den Beinen. Dieses Mal hätte es nicht geschadet, wenn ich mich vorab sportlich betätigt hätte. Der Trip kam sehr kurzfristig zustande, aber auch wenn ich zu Hause noch schnell vor Ladenschluss eine Packung Chips besorgen hätte wollen, hätte mich der Laufschritt mehr gefordert, als ich mir eingestehen würde. Ich bin kurz davor, Branko um Fitness- und Ernährungstipps zu bitten, stelle mir aber Ramonas Enttäuschung vor, wenn wir das Thema vertiefen, also lenke ich das Gespräch auf frühere Touren. Anekdoten über junge, wilde Punks. Ich erzähle irgendetwas von Reifenplatzern und Rohrbrüchen, um Ramona zu imponieren. Dabei würde ich lieber über Vorsorgeuntersuchungen und Altersversicherung reden.

Stau an der Grenze. Der Ford hat keine Klimaanlage und ohne den Fahrtwind sind wir der Hitze in dieser fahrenden Sauna vollends ausgeliefert. Da helfen auch die offenen Fenster nichts.

»Immer noch besser als im klimatisierten Büroalbtraum, was?«, fragt Günther.

»So hast du dir also das Paradies vorgestellt?«, frage ich zurück.

»Die schlechte Laune und die Reibereien sind nur Symptome des Übergangs. Keine Veränderung ohne Widerstand. Unsere Körper wehren sich noch gegen die Freiheit, weil sie gar nicht mehr wissen, wie sie sich anfühlt. Wir schwitzen den Alltagsstress raus und geraten aneinander, der Stoffwechsel will all die Gifte loswerden, die ihm die Sesshaftigkeit jahrelang eingepflanzt hat.«

»Ich glaub, du schwitzt ganz andere Gifte aus.«

»Wir sind dabei, endlich wieder Vagabunden zu werden. Das ist der Lebensstil, der der menschlichen Natur am nächsten ist.«

Jetzt geht das wieder los.

»Der Vagabund entzieht sich dem geregelten Leben, Oida. Er widersetzt sich dem Schein. Hier sind wir uns selbst schutzlos ausgeliefert. Und das ist gut so!«

Schutzlos ausgeliefert sind wir wohl eher Günthers Gequatsche.

Branko konzentriert sich auf die Grenzkontrolle. Er zeigt unsere Pässe vor und sein schönstes Lächeln, um einen reizenden Eindruck zu machen.

Der Beamte, ein alter Kerl mit Pilotenbrille, sieht die Gitarrenkoffer und fragt: »Rock group?«

Branko sagt »Yes!«

Dann zeigt der Typ auf Ramona und fragt »Groupie?« Dabei grinst er schamlos und reicht Branko die Pässe zurück. Ramona lehnt schlafend auf der Rückbank.

»Geh scheißen, du Saubeidl«, sagt Branko im freundlichsten Tonfall, den er aufbringen kann.

Jetzt können wir nur hoffen, dass er kein Deutsch versteht, ansonsten sind wir im Arsch. Dann war's das mit dem Vagabundendasein. Der Schranken geht auf, ehe der Saubeidl was erwidern kann. Branko steigt aufs Gas und wir sind in Ungarn.

Die Location ist eine hippe Bar im Zentrum der Stadt. Wir treffen den Booker, dem der Zahn der Zeit seit unserer letzten Begegnung einige Furchen ins Gesicht genagt hat. Es gibt eine anständige Bühne, viel Platz und ein junges Publikum. Sieht sehr vielversprechend aus, da kann uns die *Superschnaps*-Gala gestohlen bleiben! Der Booker bespricht etwas mit dem Inhaber, sie reden auf Ungarisch und werden immer lauter, ich frage mich, ob das die normale Sprachmelodie des Ungarischen ist, eine kulturell bedingte Aggressivität vielleicht, dann fängt der Inhaber auch noch zu fuchteln an und deutet wiederholt mit der Hand nach unten. Er wirft uns einen bösen Blick zu, wir haben keine Ahnung, was los ist. Als sie ihr Gespräch beendet haben, führt uns der Booker durch die Location, vorbei an der gut bestückten Bar, vorbei an der Bühne und den Cocktails schlürfenden Kids hin zur Kellerstiege. Wir gehen runter, passieren die Toiletten und nehmen eine weitere Treppe abwärts in die Dunkelheit. Hier ist es kalt und modrig, der Booker zieht einen verdreckten Vorhang zur Seite und dahinter kommt ein unheimlicher Raum zum Vorschein, ein Zwischending aus Verlies und Kohlelager, nackte Mauern, alles voller Staub und Spinnweben, fehlen nur noch die Ratten. Auf dem Boden liegt eine Steckdosenleiste mit angeschmorter Isolierung. Das ist die ganze Technik, die uns zur Verfügung steht.

Um zu klären, warum wir hier unten spielen und nicht oben, sind die sprachlichen Barrieren zu groß. Ramona freut sich auf ein Punkrockabenteuer im Keller. Werden Leute nach unten kommen? Wissen die überhaupt, dass dort ein Konzert stattfindet? Der Booker zuckt mit den Schultern.

Wir schleppen unser Zeug nach unten. Beim Soundcheck tauchen die ersten Gestalten auf, die vermutlich hier im Keller wohnen. Alle kratzen sich ständig, ihre Finger und Handgelenke sind rot und verkrustet. Das muss die Krätze sein! Heute gibt es keine Umarmungen, wir halten Abstand. Als wir später mit der Akustikgitarre versuchen, die coolen Kids in der Bar zu motivieren, sich unter Tage zu bewegen, dreht der Inhaber seine Boxen lauter, bis unser Geklimper in einem grauenvollen Trap-Beat untergeht. Wir konnten niemanden überzeugen, uns nach unten zu folgen, also spielen wir vor einer Handvoll heruntergekommener, aber überaus netter Junkies.

Musikalisch wird das die bisher beste Show der Tour. Wir haben nichts zu verlieren. Ein Typ trägt einen überdimensionalen Lampenschirm als Kopfbedeckung, ein anderer schlägt beim Pogen mit dem Kopf am Beton auf, holt sich eine ordentliche Platzwunde. Er malt mit dem Blut ein rotes Anarchozeichen an die Wand und kocht sich in einer Ecke seine Medizin auf. Das Highlight des Abends: Der Strom fällt aus und Günther spielt unbeirrt weiter. Ich sehe nur noch Silhouetten, Schwarz auf Dunkelgrau, die auf und ab und hin und her hüpfen. Das Publikum tanzt sich weiter in Trance, niemandem fehlen die Gitarren, der Bass, das Licht und der Gesang. Der Rhythmus ist das Entscheidende, Günther knüppelt hartnäckig einen $4/4$-Takt und die Junkies verstehen den stampfenden Beat als rudimentären Psychedelic Trance. Plötzlich geht das Licht an, die Amps brummen wieder und wir spielen den Song zu Ende. Wir spielen ihn zu Ende, als wäre nichts gewesen.

Der Booker steckt uns ein paar Scheine zu und sagt, wir können uns wie zu Hause fühlen. In manchen Clubs ist es Usus, dass die Band – sofern sich keine andere Möglichkeit auftut – nach Sperrstunde im Club schläft. Da kuschelt man sich dann in eine Ecke, während die Party noch voll im Gange ist, und hofft, dass die Musik und das Licht bald abgedreht werden. Da die Junkies ihr Bewusstsein bereits verloren haben, besteht dieses Problem hier nicht.

»Ich bezahl uns ein Hotel und gut ist«, sagt der Hansi. »Ich will mir auf keinen Fall die Krätze einfangen.«

Branko ist dafür, ich auch, aber Günther liebäugelt tatsächlich mit dem versifften Keller.

»Sind wir wirklich so verweichlicht, dass wir hier nicht schlafen können? Ist das nicht gut genug für uns?«

»Gemütlich ist es hier ja nicht gerade«, sagt Ramona.

»Ach, jetzt auf einmal ist dir das zu heftig, ist natürlich nicht so komfortabel wie der Nightliner«, sagt Günther.

»Gibt es hier in der Nähe was Schönes mit Wellnessbereich?«, fragt der Hansi.

»Warte mal«, gibt Günther zu bedenken. »Sind wir verdammte Touristen, die in einem feinen Hotel absteigen? Die von dir und deiner Kohle abhängig sind? Dann schlafen wir halt beim Booker!«

Der hat natürlich nichts verstanden. Er ist nicht gerade erfreut, als wir ihm unseren Plan erläutern, stimmt uns dann aber zu, dass das besser ist, als hier zwischen den Spritzen und den Milben zu pennen. Solidarisch wie er ist, zieht der Hansi mit.

Der Booker fährt voraus und wir folgen ihm. Wir lassen das charmante Zentrum hinter uns, durchqueren zwielichtige Viertel und nähern uns schließlich Plattenbauten. Wir fahren mehrmals um den Block, bis wir einen Parkplatz finden, und räumen den Bus komplett aus, schleppen alles in den neunten Stock, damit nichts gestohlen wird. Fahrzeuge mit ausländischem Kennzeichen sind in dieser Gegend selten und verlassen sie selten heil.

In der Wohnung erschreckt mich der unterschiedliche Lebensstandard zwischen Österreich und Ungarn. Wir befinden uns auf einer Zeitreise in die Siebzigerjahre. Eiserner Vorhang, Ostblock, braun-beige Tapeten.

Der Booker deutet auf eine Tür.

»Vögelzimmer«, sagt er.

Das Vögelzimmer ist ein Raum mit einem großen Sofa, der aussieht, als wäre er einmal das Wohnzimmer gewesen. In den Schränken und Vitrinen auf der gegenüberliegenden Wand wurden alle Türen entfernt. Stattdessen wurde ein Drahtgitter montiert, hinter dem zwei Papageien hausen. Das Gitter wurde nicht zurechtgeschnitten, es ist viel zu lang und wölbt sich in den Raum hinein. Dort, wo früher der Fernseher gestanden haben muss, liegt jetzt ein Haufen Vogelkacke. Im Regal nebenan hockt ein Hamster. Als wir unsere Schlafplätze zurechtmachen, werden auch die Tiere aktiv, die Papageien plappern in einer Tour und der Hamster quiekt und niest und scharrt in seinem Käfig. Wir drehen das Licht aus und versuchen zu schlafen.

Die Papageien beruhigen sich mit der Zeit, aber der Hamster macht immer mehr Lärm. Mein Kopf liegt direkt unter dem Käfig, also krieg ich jeden Laut mit. Er rennt ohne Unterlass herum, nagt am Gitter und klappert mit seinem Napf. Dieses nachtaktive Arschloch! Jetzt steigt er auch noch in sein Hamsterrad, das quietscht wie mein Tinnitus an besonders schlechten Tagen. Irgendwann fallen mir die Augen trotzdem zu.

Mitten in der Nacht schreit plötzlich jemand wie am Spieß. Das Licht geht an und der Hansi steht im Zimmer. Beim Versuch, zum Klo zu gelangen, ist er gegen den Draht gelaufen, die abgezwickten Enden haben ihm die Haut aufgerissen, er flucht und ist kurz vorm Weinen.

Als später auch noch Günther gegen das Gitter stolpert und vor Schmerzen brüllt, reicht es mir. Ich stelle mich auf den Balkon und zünde mir eine Zigarette an. Ramona kann auch nicht schlafen.

»Ich bin froh, dass ich die Gala gespritzt hab und mit euch hierher gefahren bin«, sagt sie.

»Obwohl der Strom ausgefallen ist und wir hier zu fünft im Vögelzimmer schlafen?«

»Das Drumsolo war leiwand! Das hat keiner kommen sehen, geile Einlage!«

»Ich hätte trotzdem lieber oben gespielt.«

»Die Kids hätten euch vielleicht gar nicht zu schätzen gewusst. Die Leute unten hingegen hatten einen ganz besonderen Glanz in den Augen.«

»Ich glaub, das lag eher an was anderem.«

Wir schweigen und schauen auf den gegenüberliegenden Wohnblock. Der Mond hängt als Sichel über den Plattenbauten. Man kann gar nicht anders, als sich einen Hammer dazu vorzustellen.

Ramona unterbricht die Stille: »Der Auftritt heute hat wieder mal gezeigt, dass es nicht nur um die Band geht, die spielt, oder um die einzelnen Musiker, sondern um etwas, das sie gar nicht beeinflussen können. Das gemeinsame Erleben, dieses Wir-Gefühl, das plötzlich entsteht und genauso schnell wieder verschwindet. Die Junkies haben nicht minder dazu beigetragen, find ich. Die Helden stehen auch vor der Bühne.«

»Bei einem unserer ersten größeren Auftritte stand ich in diesem abgedunkelten Raum, ich hab nur die ersten zwei, drei Reihen gesehen, dahinter war nichts als Dunkelheit. Ich konnte nur die Wärme spüren, die mir entgegenkam, diese unglaubliche Energie, jedenfalls hab ich diese tiefe Verbindung gespürt und mir vorgestellt, dass sie unendlich weit nach hinten reicht. Waren da dreißig Leute oder dreihundert? Ich konnte es nicht sehen, also stellte ich mir dreitausend vor und war mit jeder und jedem von ihnen verbunden, über die Musik. Wir waren eine Einheit, es gab keine Hierarchie, unsere Herzen schlugen im selben Takt und gemeinsam konnten wir alles erreichen, was wir wollten. Zumindest fühlte ich das damals so.«

»Das ist doch genau das, weshalb man Musik macht! Hoffen wir mal, dass es morgen in Wien auch so wird.«

»Freust du dich schon auf deine Heimatstadt? Aus welchem Bezirk kommst du eigentlich?«

»Ich bin froh, endlich mal weg zu sein. Ich würd am liebsten einen großen Bogen um die Stadt machen. Meine Eltern wohnen in Döbling, ich hoff, das merkt man mir nicht an, haha. Mit siebzehn bin ich in ein besetztes Haus gezogen, jetzt wohn ich in einer WG.«

»Sag bloß, du bist in einer dieser protzigen Villen aufgewachsen?«

»Ich nehm schon lange keine Kohle mehr von ihnen. Ihr Lifestyle ist mir sowas von zuwider.«

»Seine Familie kann man sich nun mal nicht aussuchen.«

»Da wird man von klein auf in ein Korsett gezwängt. Du weißt schon, Privatschule, Klavierunterricht, Tanzschule... Erst durch Punkrock hab ich gecheckt, dass das mit der Realität nichts zu tun hat.«

»Hast du am Opernball debütiert?«

»Ja klar, daher kenne ich auch Sonja und Sebastian.«

»Sebastian?«

»Sebastian Schöneberg-Reckmann... Johnny Obstler.«

»Hahaha, seid ihr alle rich kids?!«

»Dafür können wir nichts. Wir hatten es auch nicht leicht, den Komfort muss man sich erst mal abgewöhnen.«

»Im Nightliner oder wie?«

»Ohne Grund bin ich nicht mit euch unterwegs. In

dieser Schrottkarre auf engstem Raum, in diesem stinkenden Raum voller Viecher. Das mach ich, weil ich es so will. Um die heile Welt zu verlassen und der Wirklichkeit ins Auge zu blicken.«

»Heißt du überhaupt Ramona?«, frage ich und befürchte das Schlimmste.

Sie schüttelt den Kopf.

»Charlotte«, sagt sie und muss selber lachen.

»Da würde ich mir auch einen neuen Namen suchen«, sage ich.

In dem Moment durchbrechen Böller oder Schüsse – so genau wollen wir das gar nicht wissen – die nächtliche Besinnlichkeit. Wir ducken uns und kriechen zurück ins Innere.

Wir wagen einen erneuten Versuch, zwischen den Tieren etwas Schlaf zu finden. Plappernde, fiepende, schnarchende Viecher. Für ein paar Stunden kann ich die Augen zumachen, wirklich ausgeruht bin ich danach trotzdem nicht. Dieses verdammte Gitter, das gschissene. Günther und Branko sind heftig zerkratzt. Mittlerweile ist der Hamster ruhiger geworden, aber die Vögel schreien dafür umso mehr. Wahrscheinlich haben sie Hunger. Auf dem Käfig steht eine Schachtel mit Vogelfutter. Über den darauf abgebildeten essenden Papageien prangt die Aufschrift *Hamster*. Ich bin verwirrt und setze mich aufs Sofa. Komisches Land.

Der Booker wohnt hier mit seiner Frau und seinen Kindern. Wir bekommen Tee in der Küche. An den Wänden hängen Bilderrahmen mit Fotos von fröhlichen Menschen. Bei genauerer Betrachtung fällt mir auf, dass das nicht die Familie ist, die hier wohnt. Das sind Motivbilder von Ikea. Sie haben die Bilder, die als Platzhalter in leeren Rahmen stecken, einfach nicht ausgetauscht. Das Foto einer lachenden Frau in einer Blumenwiese ist sogar noch in Plastik eingeschweißt. Es ist mit Staub bedeckt, muss hier also schon eine Zeit lang hängen. Ich rücke es gerade.

Ich frage den Booker, ob sie gerade umbauen oder neu einrichten.

Er zuckt mit den Schultern.

Als ich später meinen Schlafsack aus dem Vögelzimmer hole, sehe ich, wie er das Bild wieder schief ausrichtet.

AN DER SCHÖNEN BLAUEN DONAU

Als wir jung waren, kamen uns Leute über dreißig immer extrem sonderbar vor, auf gequälte Weise ernst, unaufrichtig, irgendwie ruiniert. So wollten wir auf keinen Fall enden. Vom Leben schraffiert, bis auf halber Strecke die Bleistiftspitze abgebrochen ist. Mit stumpfer Mine bleibt nicht mehr viel zu hoffen, da besteht wenig Aussicht auf Highlights und Details, das Graphit ist brüchig und weit und breit kein Anspitzer in Sicht.

Wien war immer gut zu uns, im Großen und Ganzen. Außer am Anfang, da waren die Hauptstädter noch skeptisch, was uns betrifft. Manche eingefleischten Punker hatten Vorurteile gegenüber uns Provinzlern und für kurze Zeit stand der Vorwurf im Raum, wir wären nur lausige Trittbrettfahrer auf dem Punkzug, der endlich wieder Fahrt aufnahm. Dann haben wir in Wien gespielt und kein Schwein war da. Dann haben wir wieder dort gespielt und wieder, und nach diesem Abriss erster Klasse war klar, dass auch die Provinz was zu bieten hatte. So avancierten wir von blinden Passagieren zum Geheimtipp auf dem Regionalexpress, der später ab und an ins Stocken geriet. Vom Ruf, den wir uns in dieser Zeit erspielten, profitieren wir bis heute.

Wir gurken durch das Burgenland, haben die Schnellstraße verlassen, um den Bus zu schonen und mehr von Österreich zu sehen als Lärmschutzwände und Lkws von hinten. Also durchqueren wir ausgestorbene Dörfer im Schatten der Hauptstadt, hören *Oma Hans* und halten an einem Stand für Lángos mit unglaublich viel Knoblauch.

Wien ist der Schmerbauch Österreichs. Aufgebläht und überfressen, die Wampe, die den Blick auf die Genitalien verdeckt. Zu den Weichteilen gehören zum Beispiel all die burgenländischen Ortschaften, die ungewaschen unter diesem Monstrum liegen und die wir jetzt passieren. Später die immer gleichen Gewerbegebiete mit den immer gleichen Geschäften, den immer gleichen Fressen. Wir nähern uns dem Nabel dieser Fettansammlung.

Wiedersehen mit *Superschnaps*. Ich glaube, sie hassen uns. Während wir in Ungarn den Soundtrack zu einem Heroinrausch unter Tage beigesteuert haben, waren sie live im Fernsehen. Sie lassen uns die Kluft spüren.

Heute wird die Hölle los sein, Wien ist ihre Heimatstadt und mittlerweile haben auch Ramonas Social-Media-Maßnahmen für uns angeschlagen. Endlich weiß die Öffentlichkeit Bescheid, dass wir wieder unterwegs sind, oder zumindest der Dunstkreis unserer Szene von vor zwanzig Jahren. Für alles darüber hinaus bräuchten wir mehr Zeit und Geld, sagt Ramona. Haben wir beides nicht. Wir sind erst kurz im Social-Media-Game und werden die zigtausend Follower von *Superschnaps* nie erreichen. Also Telefone aus, rauf auf die Bühne und Fokus auf die Realität.

Wie das Konzert war, will sie wissen. Auf einmal habe ich Doris in der Leitung, habe das Ding blöderweise eingeschaltet und ohne nachzusehen abgehoben. Wollte nur kurz checken, was sich in der Zwischenzeit online getan hat, wie viele Likes und Herzen wir bekommen haben. Einmal nicht aufgepasst, und schon redet man mit der Chefin.

»Ja, äh, war gut!«

»Das ist schön zu hören.«

Der Sarkasmus ist nicht zu überhören.

»Äh, arbeitest du noch?«
»Hier ist die Hölle los, alle schieben Überstunden.«
»Ach so, ja, hm.«
»Jetzt pass mal auf: Du bewegst deinen Arsch sofort nach Salzburg und stehst hier morgen auf der Matte, oder du brauchst hier gar nicht mehr aufzukreuzen.«
»Ich fühl mich nicht so gut.«
»Da hab ich aber was anderes gesehen.«
»Hä?«
»Die Videos im Netz, du kannst doch nicht glauben, dass die keiner sieht.«
»Es wirkt also tatsächlich.«
»Was?«
»Äh, mir geht's wirklich nicht so gut.«
»Erzähl doch keinen Bullshit! Der Relaunch nächste Woche, das ist WICHTIG! Du weißt, dass dein Job schneller nachbesetzt ist, als du ...«

Ich lege auf und bediene mich am Catering.

Das war das Punkigste, das ich in letzter Zeit getan habe. Nicht das Springen und Schreien, das Trinken und Touren, nein: Doris abwürgen.

Dann mische ich mich unters Publikum. Ich treffe Leute, die früher in Bands gespielt haben, die heute nicht mehr existieren, wir reden über gemeinsame Shows und den Niedergang der einst so lebendigen Szene. All die geilen Bands, vom Vergessen verschluckt. Das schrumpfende Interesse an dieser Art von Musik. Teenager, die lieber DJ werden wollen, als eine Gitarre in die Hand zu nehmen. Diese Typen, in den meisten Fällen sind es Männer, stehen irgendwo hinten in der Nähe des Tontechnikers, und zwar nicht, weil der Sound dort am besten ist, sondern weil sie zu alt sind für die Action weiter vorne. Höchstens an den Seitenwänden wagen sie sich näher an die Bühne ran. Sie haben die Arme verschränkt oder halten sich an einem Plastikbecher, an einer Flasche fest und beäugen ihre Umgebung kritisch, um nicht zu sagen: überheblich, wehleidig. Dabei werden sie ihrerseits beobachtet, als *cringy* oder mutmaßliche Zivilbullen verunglimpft. Wenn sie innerlich nicht schon bis zu einem gewissen Grad tot wären, würden sie tanzen. Nachdem sie sich ein gesundes Maß an Lockerheit angetrunken haben, bewegen sie sich in Richtung Zentrum, starten einen halbherzigen Circle Pit oder schauen dem Gitarristen verträumt auf die Finger. Wenn es zu wild wird oder sie außer Puste geraten, treten sie den Rückzug an. Dann stehen sie wieder an ihrem Platz, mit verschränkten Armen und glasigem Blick. Wenn sich zwei von ihnen treffen, gehen sie nach draußen, wo es ruhiger ist, und verquatschen ganze Gigs. Ihr geteiltes völliges Unverständnis der Jugend von heute verbindet sie auf eine ganz besondere Art. Sie vereinbaren, wieder öfter auf Konzerte zu gehen, finden dann aber keine Zeit. Sie stehen hier, säßen aber lieber auf der Couch zu Hause, sie freuen sich insgeheim, wenn endlich die letzte Zugabe gespielt ist und der Saal sich leert. Ich merke: Ich bin einer von ihnen.

Beziehungsweise war ich einer dieser Typen. Jetzt stehe ich wieder auf der anderen Seite, wo es im Idealfall feinste Speisen und gratis Alkohol gibt, wo die Kids Schlange stehen für ein Autogramm. Ich bin aus der Dunkelheit emporgetaucht und sonne mich im Glanz des Spotlights auf der Bühne. Jemand tippt mir von hinten auf die Schulter.

»Entschuldigung, könnten Sie bitte etwas zur Seite gehen? Wir sehen sonst nichts. Danke!«

Hinter mir stehen zwei Minderjährige in *Superschnaps*-Montur, denen ich den Blick auf die Bühne versperrt habe. Ich gehe einen Schritt zur Seite, damit sie dem Kerl vor mir auf den Hinterkopf starren können. Haben die mich gerade tatsächlich gesiezt?! Trotz

Descendents-Logo am Rücken? Von hinten sehe ich bestimmt nicht älter aus als einer von ihnen. Warum haben sie nicht einfach *du* gesagt? Warum diese verdammte Höflichkeit, die man nur Älteren in der Gesellschaft zuteilwerden lässt? Das ist doch nicht normal! Haben mich meine vereinzelten grauen Haare verraten, die wie Silberfäden in der Dunkelheit glitzern? Vielleicht sind das einfach gut erzogene Jugendliche, die respektvoll mit ihren Mitmenschen umgehen? Obwohl: Dann würden sie wohl kaum *Superschnaps* abfeiern. Oder waren sie aus Mitleid nett, dem armen Oldie gegenüber, der hier auftaucht, weil er es noch einmal wissen will? Wahrscheinlich liegt es am Rotwein! Ein Bier in der Hand hätte mich um Jahre jünger wirken lassen.

»Diese Freundlichkeit ist eine Frechheit«, stimmt mir der Hansi zu. »Was bilden sich diese höflichen Scheißer eigentlich ein?«

»Eine Beleidigung für jeden Junggebliebenen«, sagt Ramona. »Wahrscheinlich sind die einfach zu gut erzogen.«

»Nächstes Mal trinkst du Alkopops, Problem gelöst«, sagt der Hansi.

Günther stürmt in den Backstageraum.

»Da ist dieser Typ draußen, der will mit uns reden... von dieser Plattenfirma... Der steht total auf uns!«

Da kommt der Grund für Günthers Aufregung auch schon rein, gefolgt von einem Kellner, der eine gekühlte Flasche Wodka, Gläser und Energydrinks serviert. Der Labelscout ist so alt wie wir und sieht aus wie eine Hipsterversion von Hermann Göring, wieder so ein Kerl, der elegante Kleidung mit legerem Cap kombiniert. Sind das wirklich Sponsorenlogos auf seinem Sakko, oder orientiert er sich modetechnisch einfach an Skispringern und Formel-1-Fahrern?

»Burschen, ich bin begeistert! Sensationelle Show, die ihr heute abgeliefert habt! Darauf stoßen wir an!«

Wir bedanken uns und nippen an den Mixgetränken.

»Wie ihr wisst, bin ich immer auf der Suche nach frischen Bands für mein Repertoire. Also frischen und auch nicht mehr ganz so frischen, haha. In euch sehe ich großes Potenzial, diese Energie und Aggression, das macht etwas mit dem Zuhörer, damit habt ihr durchaus gute Karten.«

»Die alten Platten neu auflegen wär schon lässig«, sagt der Hansi.

»Vergesst das alte Zeug«, sagt das Göring-Double. »Mir schwebt etwas Neues vor. Ich hab die besten Produzenten bei der Hand und kenne alle Player der österreichischen Musiklandschaft. Wir stellen was Großes auf die Beine!«

»Wir haben viel neues Material«, lügt Günther.

»Es haben auch schon andere Labels angeklopft«, lüge ich.

»Die können alle einpacken! Was ihr braucht, ist ein Full-Service-Paket, ein Management, das eure Interessen gegenüber allen Stakeholdern vertritt. Das wird eurer Reputation einen Boost geben, das könnt ihr mir glauben.«

»Wir lassen uns die Sache durch den Kopf gehen.«

»Das würde ich euch stark raten, haha! Burschen, ihr hört von mir.«

Er gibt mir seine Visitenkarte. Das Papier fühlt sich edel an, nur der Name scheint nicht zum Gesicht zu passen.

»Habt ihr auch eine für mich?«, fragt Göring.

»Ich kann dir unsere Mailadresse auf einen Zettel schreiben.«

»Und die Faxnummer bitte, haha. Nein, Schmäh! Am besten gleich eure Social-Media-Links, seid ihr auch bei diesem neuen Ding vertreten, wie heißt das noch gleich?«

Ramona fängt an aufzuzählen und ich bin froh, dass sie mitgehört hat – das muss man sich erst mal merken!

»Na dann, Kuss auf die Eichel! Der Wodka geht aufs Haus.«

Ich fühle mich geschmeichelt, und ein kleiner Teil von mir hofft tatsächlich auf einen Deal mit diesem Typen. Andererseits gehört es in unseren Gefilden zum guten Ton, solche Angebote von vornherein zu verachten und sich jeglicher Vereinnahmung zu verweigern. Natürlich wäre eine größere Reichweite schön, die bekommt man aber nur, wenn man einen Teil seiner Seele verkauft. Später erzählen wir Branko, der die ganze Show von *Superschnaps* vor der Bühne verbracht hat, von Görings Auftritt. Er ist eher skeptisch. Johnny Obstler, der – nur mit einem Bademantel bekleidet – am Backstage-Kühlschrank steht, bekommt unser Gespräch mit und fängt schallend zu lachen an.

»Ja, ja, der alte Spinner, der sagt das zu jeder Band, und am Ende kommt nie was raus. Der will nur, dass ihr an seinen Eiern lutscht!«

»Arbeitet der überhaupt bei einem Label?«, fragt Branko.

»Ja, klar«, sagt Johnny. »Wir sind bei ihm unter Vertrag.«

»Okay. Wenn man auf Görings Eier steht.«

»Was?«, fragt Johnny.

»Was?«, fragt Branko.

Wir sollten bei Günther übernachten, aber als wir im dritten Stock des Gemeindebaus stehen, sagt er, dass seine Wohnung gerade renoviert wird, drum kommen wir bei seiner Nachbarin unter. Günther klingelt an der Tür, bis eine Frau im Leopardenprint-Nachthemd die Tür öffnet und wir mit unseren Schlafsäcken und Taschen in ihr Zuhause einfallen. Gabi ist um die fünfzig und hat gerade noch geschlafen. Sie hat ihre Haare zu einem Dutt zusammengewickelt und sieht auf den ersten Blick aus wie Günthers Oma vor dreißig Jahren. Nur mit Tattoos auf den Unterarmen. Sie schlüpft in einen Morgenmantel und reibt sich die Augen. Ich weiß nicht, ob Günther sie vorgewarnt hat oder wieso ihm erst jetzt einfällt, dass wir seine Wohnung auf keinen Fall betreten dürfen. Wir sitzen rund um den Küchentisch und trinken einen Absacker. Es dauert nicht lange, und Günthers Kopf liegt schnarchend auf der Tischplatte. Branko verzieht sich ins Gästezimmer und der Rest von uns hilft Gabi dabei, die Flasche leer zu machen.

»Danke, dass wir bei dir unterkommen können!«, sagt der Hansi.

»Ja klar, Günther hängt halt noch immer an dem Haus.«

»Hä?«

»Der Gemeindebau. Wenn man so lange hier wohnt und dann auf einmal nicht mehr, haut das einen schon mal aus der Bahn.«

»Wir dachten, er wohnt hier?«

»Bei mir? Nur vorübergehend. Bis er eine neue Bleibe gefunden hat.«

»Bis die Wohnung renoviert wurde?«

»So was geht normalerweise gar nicht. Dass man eine Gemeindewohnung verliert. Da muss man schon saudumm sein. Aber Günther hat es geschafft. Die Renovierung ist auch bitter nötig, nachdem die Jenny wochenlang am Gang gelegen ist. Wie das gestunken hat!«

»Die Jenny ist wochenlang in seiner Wohnung gelegen???«

»Bestialisch, ich sag's euch. Das kann man sich gar nicht vorstellen, dass ein kleines Viech so stinkt.«

»Ein kleines Viech?«

»Was?«

»Sie war ein so ein liebes Katzerl, er hat's einfach nicht übers Herz gebracht, sie wegzubringen. Bis sie ihm die Tür aufgebrochen haben, weil ich dachte, er ist tot und stinkt so.«

»Die Jenny war eine Katze???«

»Ein liebes Katzerl, ganz ein braves.«

Günthers Hinterkopf hat lichte Stellen. Die Flasche ist bald leer. Wir sitzen hier und sind betrunken, Leute über dreißig, vierzig. Zu jung, um zu sterben, zu alt, um jung zu sterben. Wir reden über verwesende Katzen und delogierte Drummer. Ein Lebenslauf wie eine Skizze, ein zum Scheitern verurteilter Entwurf. In Momenten wie diesen verblassen die Erfolge, sie spielen keine Rolle. Gabi legt eine Platte auf, um Günthers Schnarchen zu übertönen.

Punk ist der Radierer, der in diese Skizze grätscht, der dem Lebensentwurf einen Strich durch die Rechnung macht. Punk löscht aus, zerlegt. Setzt den Steg in Brand und kappt die letzten Taue. Sprengt Monumente und schmiert Parolen auf die Trümmer. Klaut aus Liebe, randaliert.

Und blendet alles aus bis auf das Hier und Jetzt.

LENKA

Lenka. Wenn man diesen Namen in Anwesenheit von Branko erwähnt, muss man mit dem Schlimmsten rechnen. Je weiter wir uns Tschechien nähern, desto mehr schwingt er in der Luft, liegt uns auf der Zunge wie ein Freudenschrei oder ein Fluch.

Zum ersten Mal begegnet sind wir ihr in Ostrava. Ein Ausflug in den Osten, vier Tage in der Slowakei und Tschechien, ein Abstecher nach Deutschland, Unmengen Borovička und jugendlicher Leichtsinn. Nach dem Auftritt hat Branko ein Mädchen kennengelernt, gerade mal achtzehn und viel zu schön für die Bruchbude, in der wir spielten. Es ist nichts gelaufen, sie haben miteinander geredet und Branko hat die ganze Weiterfahrt von nichts anderem geredet als von ihren blonden Locken und den Grübchen. Ihm war bewusst, dass er sie nie wiedersehen würde.

Am nächsten Abend spielten wir in Prag, vier Stunden entfernt, da stand sie auf einmal wieder im Publikum und trug dabei ein T-Shirt mit der Aufschrift *I Love Bass Players*. Branko konnte es nicht glauben, dass sie uns 350 Kilometer gefolgt war. Er war ganz aufgekratzt vor Freude, andererseits war es ihm auch ein bisschen unheimlich. Sie kannten sich ja kaum. Wieder quatschten sie nur kurz, auf einmal war sie verschwunden und das war's.

Nächster Tag, eine Kleinstadt in der ehemaligen DDR. Es war bewölkt und düster, auf den Straßen Horden von Neonazis, dazu Obdachlose mit fehlenden Gliedmaßen, Schlaglöcher und Tristesse. Wir schoben die ärgste Paranoia, sahen uns schon verdroschen und ausgeraubt, abgestochen und unsere Leichen hinter den Wohnblöcken verscharrt. Die Bar, in der wir spielten, war auch nicht besser. Heftige Visagen, modriges Bier, alles Grau in Grau. Als wir unseren ersten Song anspielten, leuchtete etwas im Publikum, die Menge tat sich auf und hervor trat ein Engel im weißen Sommerkleid, eine Erscheinung mit Blumenkranz in den blonden Haaren. Sie tanzte wie eine Elfe zur Punkmusik, die Säufer und Skinheads hielten respektvoll Abstand, als wollten sie ihrer heiligen Aura nicht zu nahe treten. Branko spielte nur für sie, zwischen ihnen spannte sich ein unsichtbares Band der gegenseitigen Zuneigung und Bewunderung. Nach einer Viertelstunde beendete die Polizei das Konzert, weil draußen jemand ein Auto in Brand gesteckt hatte, wir bekamen 40 Mark Gage und gingen mit dem Kerl, der uns diese bemerkenswerte Auftrittsmöglichkeit besorgt hatte, in ein anderes Lokal. Der Hansi und Günther hatten keine Lust mehr und gingen vor zum Schlafplatz.

»Fünfter Stock, erste Tür links. Die Wohnung ist offen, ihr braucht keinen Schlüssel«, sagt der Booker.

Während ich mit dem Kerl irischen Whiskey trank und über andere Bands lästerte, zog Lenka Branko nach draußen, um ihm »was zu zeigen«. Erst nach drei, vier Stunden war er wieder da.

Später erzählte Branko, wo sie gewesen waren. Sie fuhren in ihrem Škoda über die Grenze nach Tschechien, bogen im Nirgendwo auf einen Waldweg ab, es wurde immer dunkler und gruseliger, am Ende lichtete sich der Wald und ein See kam zum Vorschein. Lenka wollte spazieren gehen. Branko hatte ein anderes Ziel vor Augen, sie quatschten ewig über alles Mögliche, es wurde immer kälter, aber erst, als es in Strömen zu regnen begann, liefen sie zurück zum Auto und hatten Sex auf der Rückbank.

Als Branko zurückkam, machten wir uns auf den Weg zur Unterkunft. Das Haus lag hinterm Bahnhof und machte einen desolaten Eindruck, in keinem der Stockwerke brannte Licht, wahrscheinlich gab es nicht mal Strom. Die Haustür war offen, die Wohnungstür angelehnt. Hier konnte also jeder problemlos rein und raus. Im Vorraum stapelten sich riesige Müllsäcke, wir stolperten über Zeug, das wir kaum sehen konnten, und kämpften uns durch bis zur nächsten Tür. Dahinter war es etwas heller, weil der Mond durchs Fenster schien. Wir tasteten die Wand entlang, fanden aber keinen Lichtschalter. Es roch nach kaltem Rauch, dazu kam eine saure Note, feucht und undefinierbar ranzig. In der Mitte des Raumes stand eine Werkbank, darauf lagen Sägen und überall Messer in allen Größen. Keine Spur von Günther und dem Hansi. In einer Duschkabine in der Ecke wieder Müllsäcke, vielleicht hatten die Nazis sie erwischt. Das würde auch den Geruch erklären. Da wir zu müde und betrunken waren, um vollends in Panik zu geraten, krochen wir in unsere Schlafsäcke und rutschten eng zusammen, damit wir beide aufwachen würden, sollte einer von uns von einem Skinhead oder Obdachlosen oder Serienmörder oder Nazikillerzombie attackiert werden.

Erst am nächsten Tag sahen wir das Ausmaß des Fiaskos. Bei Tageslicht war die Wohnung noch ekelhafter, Staub und Dreck und Schimmel an den Wänden. Günther und der Hansi waren immer noch nicht da, wir machten uns schön langsam wirklich Sorgen. Ich kippte das Fenster, um durchzulüften, und blickte dabei auf ein hässliches Viertel einer hässlichen Stadt. Mir war speiübel. Ich war kurz davor, auf die Werkbank zu speiben. Am besten aus dem Fenster. Fuck, das klemmte. Also raus in den Vorraum. Da musste doch irgendwo ein Klo sein. Erste Tür, alles voller Müll. Zweite Tür: Das gibt's doch nicht! Ich kotzte auf den Boden.

Hinter der Tür befand sich ein riesiges Schlafzimmer mit Betten, alles renoviert und komfortabel, und mittendrin schnarchten unsere zwei Vermissten. Sie sahen so friedlich und glücklich aus, dass ich sie am liebsten auf der Stelle verdroschen hätte.

Lenka machte uns auch danach noch lange zu schaffen. Branko war das irgendwann alles zu viel, all die Kilometer, die sie uns folgte, das Medaillon mit seinem Foto, das elfenhafte Getanze, er fand sie schön und interessant, aber irgendwie zu aufdringlich. Als er sich distanzierte, trug sie auf einmal ein *I Love Drummers*-T-Shirt und Günther grinste tagelang, als ob er etwas verbrochen hätte. Bis ihn Branko aus dem Bus zog und über den Asphalt schleifte. Dann grinste er nicht mehr.

NO SLEEP 'TIL PREMBERGKIRCHEN

Wenn Wien der Schmerbauch Österreichs ist, dann ist Niederösterreich die Speckwulst rundherum, die sich am Rücken mehrfach faltet und seitlich über die Hüften rollt.

Das Wetter könnte man sich nicht schöner vorstellen. Strahlender Sonnenschein über idyllischer Landschaft. Mittendrin *Pop ist tot* mit klackerndem Motor und Rauchschwaden, auf dem Weg zum Prembergkirchener Feuerwehrfest. Ich schwitze. Wir alle schwitzen, unsere Gespräche schmelzen zu Schweigen und die Drinks von gestern verdampfen auf unserer Haut. Wie wir zur zweifelhaften Ehre kommen, Teil dieses ominösen Waldviertler Kulturhighlights zu sein, ist nur auf den ersten Blick verwunderlich und lässt sich wohl auf den Schnapskonsum der lokalen Freiwilligen Feuerwehr und die damit einhergehende Vorliebe für *Superschnaps* zurückführen.

»Wenn man in diesem Land übers Saufen singt, muss man sich um seine Zielgruppe keine Sorgen machen«, sagt Günther. »Wenn man auch noch Alkohol verkauft, klingeln die Kassen. Dann ist die Musik nur noch eine Nebensache, ein Jingle für das Produkt.«

»Mit irgendetwas müssen die sich ja betäuben«, sagt Branko. »Ich hab gehört, hier gibt es öfter ein Feuerwehrfest als einen Brand.«

»Die Politik muss man sich schönsaufen«, sagt Günther. »Jahrzehnte unter schwarzer Herrschaft. Da schlägt der Durst schon mal den Musikgeschmack.«

Wir haben nichts zu verkaufen außer unserer Arbeitskraft, destilliert in drei Akkorde und Geschrei. Die Mohnfelder blühen tiefrot. Wir spielen zum ersten Mal im Waldviertel, dringen vor in unbekanntes Terrain und sind komplett k.o. Die letzten Tage sitzen uns schwer in den Knochen, aber wir sudern weniger als sonst. Sudern auf Tour ist generell riskant, weil es die allgemeine Stimmung gefährdet, die in der ständigen Ausnahmesituation zwischen Hektik und Langeweile nonstop zu kippen droht. In Momenten wie diesen kann jedes Gespräch in einen Faustkampf ausarten. Man könnte meinen, auf Tour kommt man sich näher. In Wahrheit entfernt man sich immer weiter voneinander. Ramonas Kopf wippt im Takt des Sounds aus den immer gleichen Kassetten. Wir haben *Fugazi*, wir haben die *Ramones*, wir haben *Oma Hans*. Einen Sampler aus den Neunzigern, Radio Niederösterreich und noch immer kein Internet. In Prembergkirchen fallen wir aus dem Van, triefend vor Schweiß. Wir parken hinter der Bühne. Sonja sitzt in einem Liegestuhl und Johnny Obstler steigt lässig aus dem klimatisierten Nightliner.

Zwanzig Stunden später öffnen wir die Türen und sehen in der Spiegelung der Autofenster noch fertiger aus als am Tag davor. Wie verschrumpelte Kartoffeln, eingefallen und zerfurcht, vollends dehydriert. Dazu diese Tour-Patina, die uns von den anständigen Bürgern Prembergkirchens abhebt, dieser keimende Grind der Straße, dem man mit einer schnellen Dusche nicht so einfach Herr wird. Wir beginnen, uns äußerlich zu ähneln, zumindest, was unsere Gesichtszüge betrifft. Irgendwie aufgeschwemmt, aber gleichzeitig ausgezehrt. Und das, obwohl es gestern Grillhendl zu essen gab.

Bevor wir die Fahrt nach Tschechien antreten, lassen wir den Van erst mal auskühlen. Günther und ich rauchen.

»Jetzt haben wir's geschafft: Wir kommen in die Gemeindezeitung von Prembergkirchen«, sagt der Hansi.

»Wir können uns ja auf dem Rückweg ein Exemplar holen«, sage ich.

»Willst du das wirklich sehen: Wir vor dem Raika-Logo?«

»Ich will das Foto von *Superschnaps* vor ihrem Banner sehen, haha.«

»Die sind tatsächlich erst während ihres Gigs draufgekommen.«

»Warum haben die auch so ein Riesenbanner dabei, selber schuld, würd ich sagen.«

»Uns würde das nie passieren, dass eine Bühne zu schmal ist für unser Banner. Bevor wir einen Teil davon einfalten müssen, lassen wir das Ding ganz weg. Muss ja keiner wissen, wer wir sind.«

»Wir konnten die armen Leute ja nicht im Glauben lassen, dass die Band *Superschna* heißt.«

»*Superschna*, das konnte man sich ja nicht anschauen. Da musste man was unternehmen. Zweimal falten, et voilà!«

»Und dann checken die das nicht!«

»Erst als es alle gerufen haben. Da war Johnnys Laune dann im Keller, hahaha. *Superschas*.«

Im Buswartehäuschen auf der anderen Straßenseite sitzen zwei Männer in Lederhosen. Dem einen baumelt der Kopf über der Brust, der andere hat ihn an die Seitenwand gelehnt. Zwischen ihnen halbleere Bierkrüge und Grillhendlreste. Sie warten schon seit Stunden auf den Bus, der nie gekommen ist, der nie kommen wird. Das ist Österreich, wie es leibt und lebt. Der Schmerbauch Wien ist nichts anderes als das logische Resultat der nationalen Völlerei. Branko überquert die Straße und stupst die beiden mit einem Stecken an, um zu sehen, ob sie noch leben. Einer bewegt sich ruckartig und langt dabei in das Hendl voller Ketchup, dann stützt er seinen Kopf auf seine Hand und verschmiert sich das Gesicht mit Essensresten. Der andere wacht auf und übergibt sich auf seine Haferlschuhe. Alles gut, sie leben!

Ich würde auch einiges dafür geben, mal wieder ordentlich ausschlafen und duschen zu können. Mein ganzer Oberkörper juckt, keine Ahnung, was das ist. Bin die halbe Nacht wachgelegen, der Volksschulturnsaal war nicht gerade das, was man eine komfortable Unterkunft nennen kann. In den Duschen war das Wasser abgestellt. Wir brauchen einen Badesee. Von mir aus auch einen Platzregen oder drei Liter Mineralwasser. Dann ein Bett mit echter Matratze. Während der Fahrt im Van schlafen ist undenkbar.

»Next stop: Ostrava«, schreit Günther und tritt aufs Gas.

»Warum ist der heute so motiviert?«, fragt der Hansi.

»Weil's in Ostrava was gibt, das du in Prembergkirchen lange suchen kannst«, sage ich.

»Bei so vielen Schwarzen hätte sich gestern doch leicht was aufstellen lassen«, sagt der Hansi. »Also, Schwarze im niederösterreichischen Sinn natürlich.«

»Wenn's bloß die richtigen Schwarzen gewesen wären«, sagt Günther. »Bauernbund und so, die geben immer etwas ab, wegen der Nächstenliebe.«

Wir fahren auf die Bundesstraße.

»Aber bei den türkisen Bubis, da hast du keine Chance«, sagt er und fügt leise kopfschüttelnd hinzu: »Scheiß Rotzpipn!«

»Mir fällt noch was ein, das es nur in Ostrava gibt«, sagt der Hansi.

Wir schauen ihn an.

»Blonde Haare, Sommerkleid, klingelt da was bei euch?«

Branko blickt von seinem Laptop auf und der Hansi hält sofort die Klappe, Günther dreht die Musik lauter.

Ich spüre Ramonas Ellbogen in meiner Seite.

»Worum geht's?«, fragt sie.

»Alte Geschichte, erzähl ich dir später«, flüstere ich.

War ja klar, dass das zur Sprache kommt, wenn wir nach Tschechien fahren.

Wir halten an einer Tankstelle. Gestern haben wir tatsächlich ein paar Scheine vom Tourmanager bekommen, die investieren wir jetzt in Treibstoff und Süßigkeiten. Wieder so ein Nicht-Ort in der Einöde, an dem niemand in der Absicht hält, länger zu verweilen als unbedingt nötig. Das trifft allerdings auf das gesamte Bundesland zu. Die Umrisse der Tankstelle verschwimmen vor lauter Hitze. Daneben eine verwahrloste Diskothek mit Brettern vor den Fenstern.

»Schaut euch das an«, sagt Günther. »Wie hinig Österreich ist! Raika, Puff und Kirchenwirt. Die Tankstelle, die Gewerbegebiete, alles beliebig austauschbar mit jedem anderen verdammten Kaff, und dann gibt's diesen einen Laden, der ein bisschen Charme hätte, und der zerfällt hier vor aller Augen. Alles hinig!«

»Ich bezweifle, dass diese Waldviertler Dorfdisco jemals cool war«, sagt Ramona.

»Wir haben früher in so Schuppen gespielt, die gab's im ganzen Land, na klar waren da auch Proleten am Start, aber da war immer was los. Oida, immer! Weiß nicht, ob es so was überhaupt noch gibt.«

»Musikclubs am Land, das ist längst ein Anachronismus«, sage ich.

»Genaugenommen sind wir auch ein Anachronismus«, sagt Branko.

»Heast, redets Deutsch, ihr Wappler«, sagt Günther.

»Vierzigjährige, die Punk spielen, sind also überholt, oder was?«, frage ich Branko mit Blick zu Günther.

»Generell dieses hirnrissige Unterfangen, als Rockband auf Tour zu gehen. Wir zah'n schwere Verstärker durchs Land, während DJs und Schlagersänger mit Leichtgepäck reisen und ein Vielfaches an Gage kassieren.«

»Dann sind wir eben Dinosaurier«, sage ich. »Das Relikt einer längst vergangenen Zeit.«

»Oder ist das nur ein Versuch von gealterten Möchtegernjugendlichen, am Esprit von früher festzuhalten?«, fragt Ramona.

»Nein, wir sind moderne Nomaden, Oida. Moderne Nomaden.«

Die Schnellstraße zerpflügt die Landschaft. Ich kratze mich unterm T-Shirt und untersuche meine Arme. Fuck, sind das Flöhe oder habe ich mir in Ungarn die Krätze eingefangen? Jetzt juckt auch noch mein Schädel.

Ramona fragt mich über Lenka aus und ich erzähle ihr die Geschichte. Dass sie Brankos erste große Liebe war, kann man nicht wirklich sagen, dass er sich eine Chance auf mehr entgehen hat lassen, schon. Sie haben ein schönes Bild abgegeben, der ehrgeizige Punk und das Hippiemädchen. Ich werde das Gefühl nicht los, dass Branko nur deswegen mit nach Tschechien fährt, weil er hofft, sie wiederzusehen. Was genau mit Günther gelaufen ist, hat der uns nie erzählt. Jedenfalls war das damals der Anfang vom Ende. Da war klar, dass das nicht ewig gut gehen wird mit uns. Lenka hat uns aus dem Gleichgewicht gebracht und Misstrauen gesät, Günther und Branko die Augen verdreht und sie aufeinander losgehen lassen. So fragil war das Gefüge damals, so stur und egoistisch jeder Einzelne von uns.

Zwischen den Stationen unseres Tourplans, bei den Tank- und Pinkelstopps, ergeben sich Gespräche über

Grundlegendes. Ramona will wissen, warum wir heißen, wie wir heißen.

Ich: »Klingt halt gut.«

Günther: »Weil Pop scheiße ist!«

Der Hansi: »Es heißt immer Punk ist tot, also wollten wir den Popfuzzis mal zeigen, wie sich das anfühlt.«

Branko: »Das ist eine lange Geschichte.«

Ramona: »Ok, ich frag anders: Warum ist Pop tot?«

Branko: »Pop ist nicht tot.«

Günther: »Weil wir ihn erschossen haben.«

Der Hansi: »Alles muss mal sterben.«

Ich: »Weil er nichts mehr zu sagen hat.«

Ramona: »Aber hat Pop nicht auch eine subversive Seite?«

Günther: »Ja klar, die Backstreet Boys haben die soziale Ordnung in Frage gestellt, haha.«

Ich: »Wenn es subversiv ist, dann ist es vielleicht kein Pop mehr.«

Der Hansi: »Angenommen, Pop ist wirklich tot. Dann ist auch Punk tot. Wovon sollen wir uns denn abgrenzen, wenn Pop nicht mehr existiert?«

Ramona: »Aber warum soll Pop überhaupt tot sein?«

Günther: »Schau mal in die Charts, alles voller Rap, Trap und anderem Crap.«

Branko: »Das ist doch alles Pop. Diese ganzen Genres wurden längst von Pop vereinnahmt.«

Der Hansi: »Wenn Pop nicht tot ist, leben wir dann eine Lüge? Oder schlimmer: Sind wir dann auch Pop?«

Ich: »Ob wir populär sind? Die Frage erübrigt sich, haha.«

Ramona: »Es gibt ja auch Popmusik, die nicht erfolgreich ist. Ist die dann Punk, oder was? Oder ist erfolgreiche Punkmusik automatisch Pop?«

Günther: »Erfolgreiche Punkmusik ist automatisch ein Schas. Da muss was faul dran sein.«

Der Hansi: »Wofür ist Popmusik gut, wenn sie nicht populär ist? Genau, sie ist für'n Arsch! Streng genommen müsste sie also Pomusik heißen.«

Ich: »Oder ist Pop per Definition immer das, was gerade populär ist?«

Günther: »Das wär blöd. Dann kriegst du den Dreck nie tot.«

GEMEINER DELFIN

Der Gemeine Delfin, Delphinus delphis, ist vor allem im Mittelmeer, im Nordostatlantik und im östlichen Pazifik beheimatet. Außerdem kommt er im Schwarzen Meer, an der Ostküste der USA sowie rund um Japan und Neuseeland vor. Kein Wort von Tschechien, ich hab's mehrmals überprüft. Dennoch ist mir dort ein besonders gemeines Exemplar untergekommen.

Wir teilen uns den Backstageraum mit einer lokalen Band, die sich mit exzessivem Alkoholkonsum auf ihren Auftritt vorbereitet. Während der Rest von uns draußen am Wuzler zockt, verziehe ich mich in eine Ecke. Ich habe Halsweh und krame in meinem Kulturbeutel nach Tabletten. Die Halspastillen nehme ich mittlerweile alle paar Stunden und trotzdem kann ich kaum ohne Schmerzen singen. Jetzt muss ich schwerere Geschütze auffahren und den Juckreiz am besten gleich mitbetäuben. Ich komme mit dem Sänger der Vorband ins Gespräch, ich frage ihn um eine Advil oder wie das Zeug hier heißt, und er sagt, sie haben genau das Richtige für mich. Er zieht einen Plastikbeutel aus seiner Bauchtasche und gibt mir eine kleine gelbe Pille, die anderen von seiner Band bekommen ebenfalls eine. Ich schaue mir das Teil genauer an und erkenne die Umrisse eines Delfins. Jeder steckt sich die Pille in den Mund und trinkt einen Schluck Bier, um sie hinunterzuspülen. Jetzt ist es auch schon wurscht. Sie gehen auf die Bühne und ich gehe nach draußen. Mein Hals fühlt sich schon ein bisschen besser an.

Als wir eine gute Stunde später die Bühne betreten, geht's mir wunderbar. Ich stimme noch schnell meine

Gitarre und sehe in der Menge eine blonde Frau, ein Lichtblick zwischen all den Punks. Ich schaue zu Branko, er sieht sie auch und denkt wohl dasselbe wie ich. Er zwickt die Augen zusammen, aber es ist zu dunkel, um zu erkennen, ob sie es wirklich ist. Wenn sie tanzt, erkennen wir sie bestimmt. Günther zählt ein und die Gestalt verschwindet im Gegenlicht der Scheinwerfer.

Woooow, wie geil sind wir eigentlich?! Der Gitarrensound erfüllt mich mit kribbelnder Wärme. Der Groove ist der Wahnsinn, alles geht wie von selbst, die Drums ballern und mein Hals ist völlig frei von Schmerz. Die Musik klingt so unglaublich schön! Ich schaue an mir runter, sehe die Gitarre in meinen Händen und bin erstaunt, dass ich Teil dieser wunderbaren Harmonie bin. Ich spiele einen Ton und merke, wie sich die Klangfarbe ändert, dann spiele ich einen anderen Ton, erzeuge eine leichte Dissonanz, die ich kurz auf mich wirken lasse, ehe ich sie mit einem Akkord in der Grundtonart des Songs auflöse. Ich begreife, dass jede kleine Bewegung die Gesamtheit beeinflusst, dass wir vier gemeinsam an dieser Musik arbeiten und sie nur deshalb so geil klingt, weil wir unseren Puls, unsere Seele in Schallwellen verwandeln. Erst jetzt fällt mir das Unvorstellbare an der Sache auf: dass das Ergebnis mehr ist als die Summe seiner Teile. Jenseits unserer Akkorde und Rhythmen erhebt sich ein Klang, den ich heute zum ersten Mal bemerke, obwohl ich mir sicher bin, dass er schon immer da war, ein harmonisches Dröhnen, das über uns schwebt und sich im gesamten Raum ausbreitet. Dieses Dröhnen erfüllt mich mit einer unglaublichen Freude, ich bin rundum glücklich. Die Leute in den ersten Reihen geben mir High-Fives, und von meinen Handflächen klatscht der Schweiß in alle Richtungen. Das ist die beste Show der Tour, mit Abstand!

Die Vorband steht grinsend vor der Bühne und scheint sich sehr für uns zu freuen, dass die Show so gut läuft. In den Songpausen ahmen sie Delfingesänge nach. Es hört sich eher an wie das Grunzen von Schweinen auf Helium, aber ich bin davon überzeugt, dass das keine Schweine sind, sondern Delfine, die Engel der Meere. Der Rest der Band kapiert das nicht, ich hingegen weiß genau, was sie damit sagen wollen. Ich spüre diese tiefe freundschaftliche Verbundenheit: zur Vorband, zum Publikum und zu meinen Bandkollegen. Wir sind eine Einheit, eine vereinte Szene, die sich Seite an Seite gegen den Rest der Welt stellt. Obwohl: Der Rest der Welt ist auch in Ordnung! Wir sind alle in Ordnung, besonders in diesem besonderen Moment. Die Musik trägt unsere Liebe in jede Ecke des Universums.

»The next song is called *Flipper*«, so kündige ich den nächsten Song an, der in Wirklichkeit ganz anders heißt. Branko starrt mich entsetzt an, Günther hält sich zum Glück strikt an die Setlist. Es kann nichts schiefgehen, was soll schon passieren? Ich singe die Lyrics von David Bowies »Heroes« zu unserem Song, die passen hier perfekt. Ich möchte so schwimmen können wie Delfine, also tanze ich so ähnlich. Ich springe aus dem Wasser und tauche wieder ein. Ich reite auf den Wellen und versuche, ihre Laute zu imitieren. Ich lege mich auf den Rücken und lasse mir die Sonne auf den Bauch scheinen. Ich liebe *Pop ist tot*. Jeden einzelnen von uns. Diese Tour war die beste Entscheidung meines Lebens.

Wir gehen von der Bühne und Branko hält Ausschau nach der blonden Frau. Günther stürmt sofort auf mich zu.

»Oida, was ist mir dir los?«, schreit er mich an.

»Wie geil war das gerade bitte?!«, schreie ich zurück und möchte ihn umarmen. Er schubst mich weg. Auch

Branko ist auf 180. Er dreht sich um und stellt sich fünf Zentimeter vor mein Gesicht.

»Wie kann man nur die eigenen Texte vergessen und so viel Blödsinn verzapfen. Auf was bist du denn drauf, du Arschloch?!«

Hä, was ist denn in die gefahren? Wir haben gerade die geilste Show unserer Karriere abgeliefert und sie können sich nicht darüber freuen?

»Wir sind in Ostrava und alles ist gut«, sage ich.

»Oida, warum gibst du mir nicht Bescheid, wenn es was gibt?«, schreit Günther.

Warum schreien die alle mit mir?

»Weißt du, mir reicht ein Drogenopfer in der Band! Da muss nicht noch ein zweiter Depp auf die Idee kommen, sich sein Gehirn zu zerficken und alles zu versauen«, schreit Branko.

»Was soll das denn heißen, du Beidl?«, fragt Günther.

»Das weißt du ganz genau«, sagt Branko.

»So schlecht war's nun auch wieder nicht«, sagt der Hansi.

»Ihr spinnt doch alle«, sagt Branko und macht sich auf die Suche nach Lenka.

Ramona hat Fotos vom Konzert gemacht. Sie kommt auf uns zu und grinst mich schon von Weitem an. Wenigstens eine, die sich für mich freuen kann.

»Seit wann bist du denn so eine Rampensau?«, fragt sie.

Mir gefällt der Ausdruck absolut nicht. Wieso tun sich alle so verdammt schwer, einen Delfin zu erkennen, wenn sie einen vor sich haben? Ein Delfin in freier Wildbahn ist kein Schwein. Und die Vorband hat nicht gegrunzt, sondern gesungen, gepfiffen und gezirpt. Wir Delfine sind keine gezähmte Herde, sondern eine Schule, eine Schule, so heißt das. Rampensau klingt nach Schopfbraten und Laderampen voller Schweinehälften. Eine völlige Fehleinschätzung.

Das alles und mehr sage ich Ramona. Sie hört interessiert zu und lächelt verständnisvoll. Sie sagt, sie habe ein Video im Internet gesehen, in dem ein Delfin einem Fisch den Kopf abbeißt und dann seinen Penis in den kopflosen Fisch steckt. Ich bin völlig geflasht, die Vorstellung irritiert mich kurz, dann muss ich darüber lachen, wie skurril diese Welt ist. Ramona lacht auch und eine Strähne fällt ihr ins Gesicht. Sie streicht sie mit den Fingern hinters Ohr. Ich habe das Bedürfnis, sie ganz nah bei mir zu spüren.

Wir umarmen uns und es fühlt sich wahnsinnig gut an. Mein Gehirn glüht förmlich, wir sehen uns in die Augen, ihr Mund bewegt sich auf meinen zu, meiner auf ihren und dann berühren sie sich, und diese Berührung kitzelt so intensiv und angenehm, als würden sich unsere Seelen ineinander verschlingen. Etwas explodiert hinter meinen Augen. In dem Moment packt mich jemand von hinten und dreht mich grob um. Der Tontechniker hält mir ein Mikrofon ins Gesicht und schreit. Das nächste Arschloch, das mich anbrüllt. Nach dem finalen Micdrop ist das Mikrofon zerstört, blabla, der Typ soll mich verdammt noch mal in Ruhe lassen. Aber er hört nicht auf, auf mich einzuschreien, dabei ist es nur ein billiges Mikrofon, eine kleine Delle, eine Nichtigkeit. Ich soll für den Schaden aufkommen, sofort meine ganze Kohle rausrücken, ansonsten schlägt er mir die Zähne ein. Ramona versucht, beschwichtigend auf ihn einzuwirken, aber er warnt sie, dass sie sich lieber verpissen soll, das sei eine Sache zwischen ihm und mir. Ich will ihm nichts Böses, ich wollte auch das Mikrofon nicht beschädigen, glaube auch gar nicht, dass es nicht mehr funktioniert. Ich will mir das Teil genauer ansehen, da nimmt er mich in den Schwitzkasten und drischt mir das Mikrofon auf den Hinterkopf. Jetzt explodiert wieder etwas in mir drinnen, ein dumpfes Brennen, das mir den Atem raubt. Dann löst sich sein Griff, der Hansi hat ihm eine verpasst, ich sehe schneeweiße Sneaker über den Boden gleiten und bin auf einmal mitten in einem Handgemenge, in das sich immer mehr Leute einmischen. Ich ducke mich unter den Stehtischen durch und suche den nächsten Ausgang.

Plötzlich stehe ich auf der Stodolni-Straße, habe ein Bier in der Hand und rede mit Fremden über Meeressäuger. Mein Kopf wummert noch etwas, aber ich fühle keinen Schmerz. Ich trinke Orangensaft in einer Disco und tanze zu Popsongs, die ich normalerweise schrecklich finde. Ein Typ zeigt mit dem Finger auf mich, ich fahre mir durch die Haare und spüre etwas Klebriges, meine Hand ist rot. Ist da ein Loch in meinem Kopf? Vielleicht verwandele ich mich immer mehr in einen Delfin, die atmen auch durch ein Blasloch. Ich atme aus und taste meinen Hinterkopf ab. Ganz klar eine Fontäne. Ich tauche wieder ab.

Ich wusste gar nicht, wie genial diese Popsongs sind. Ich tanze und tanze, bis ich irgendwann zu erschöpft bin, um weiterzumachen. Also gehe ich raus an die frische Luft. Dann weiter, vorbei an Irish Pubs und Fastfoodläden, immer weiter in Richtung der Fabrikschlote. Weg von den Menschen, die mich auf einmal anwidern. Ich habe kalten Schweiß auf der Stirn und blicke immer wieder über meine Schulter, um mich zu vergewissern, dass ich nicht verfolgt werde. Als meine Gliedmaßen zu schwer werden, setze ich mich ans Flussufer und warte darauf, dass etwas passiert. Mir ist kalt, der Fluss treibt gemächlich vor sich hin. Die Kälte kriecht vom Boden in mich hinein und läuft meinen Körper hoch, breitet sich immer weiter aus, in meine Arme und Beine, meinen Hals und in mein Herz. Ich habe pure Angst vor dieser Kälte, weil ich weiß, dass sie mich töten kann. Noch nie in meinem Leben hatte ich eine solche Angst. Schon wieder dieses Gefühl, dieses Herbeisehnen des Abspanns. Ist das jetzt das Ende vom Film? Jetzt wäre der perfekte Augenblick für Musik, aber es bleibt still. Wo sind alle? Ramona, der Hansi, Nina? Ich versuche, an etwas Positives zu denken, doch anstatt der fröhlich quietschenden Engel der Meere sehe ich den Delfin aus Ramonas Video, wie er sich an dem kopflosen Fisch vergeht, er schändet das kleine, tote Tier und hat dabei dieses debile Grinsen im Gesicht, das man leicht als Freundlichkeit missverstehen kann, aber da ist keine Güte, keine Tugendhaftigkeit, sondern nichts als notgeile Zerstörungswut. Ich könnte durchdrehen vor lauter Enttäuschung und Traurigkeit! Warum schreien mich Günther und Branko an, als hätte ich etwas verbrochen? Als wäre ich der größte Versager. Dann auch noch dieser saublöde Tontechniker. Warum hassen mich alle? Da fällt mir ein: Ich hasse mich selbst. Soll die Kälte mein Herz zum Bersten bringen, ich habe es nicht anders verdient. Diese verfickten Drecksdelfine! Die haben mir die Misere eingebrockt. Erst jetzt fallen mir weitere Fakten ein, die ich in den letzten Stunden komplett verdrängt habe: dass Delfine keine süßen Tiere sind, sondern blutrünstige Monster, die Babys anderer Schulen töten, um deren Mütter zu missbrauchen, die zum Spaß Schweinswale malträtieren und ermorden, von Grund auf boshafte Arschlöcher, die sich in Männergruppen zusammenrotten und Weibchen entführen, um sie wochenlang als Sexgeiseln zu halten. Da ist der kopflose Fisch nur die Spitze des Eisbergs. Ich spüre das Grauen in mir hochsteigen, die Kälte und das Grauen. Zeit für den Abspann! Die Kamera macht einen Schwenk in die Ferne, und auf einmal habe ich Tränen in den Augen. War's das jetzt? Ich schaue in den Himmel und sehe nichts als Matsch. Der Vorhang will nicht fallen. Ich schließe die Augen, presse die Lider ganz fest zusammen. Ich habe eine Riesenangst davor zu sterben und wette, morgen geht es trotzdem wieder weiter.

ZWISCHEN SCHALL UND RAUSCH

Die letzten Tage waren so lala. Schalala wäre mir lieber gewesen. Aber nach dem Fiasko in Ostrava ging's weiter bergab. Schlafmangel, schlechtes Essen, miese Laune. Branko und Günther versuchen mir aus dem Weg zu gehen, was auf den wenigen Quadratmetern, auf denen wir uns bewegen, lächerlich ist. Sie sind immer noch sauer. Branko, weil ein weiteres Konzert in die Hose ging und ich tagelang nicht wieder in die Gänge kam. Günther, weil ich ihm den Delfintrip vorenthalten habe. Scheinbar habe ich am Tag danach noch alles schlechtgeredet und die Tour als Himmelfahrtskommando bezeichnet, die Stimmung war im Keller und ich wollte mich einfach nur in meinen Schlafsack verkriechen. Gleichzeitig wollte ich die Jungs nicht im Stich lassen, immerhin sind das vielleicht die letzten Konzerte unseres Lebens. Dazu diese elendige Heiserkeit. Die Tabletten haben keine Wirkung mehr, ich trinke einen Kräutertee nach dem anderen und räuspere mich ununterbrochen. Ich rauche und spucke Schleim.

Das monotone Vorbeirauschen des Verkehrs, überall klaustrophobe Zustände, ein kurzer Höhepunkt am Abend – das sind die Grundpfeiler unseres glamourösen Rockstarlebens. Die Zwischenräume, die echte Rockstars mit Kokain und Groupies füllen, haben keinen Glanz und keine Romantik. Eine gewaltig aus dem Gleichgewicht geratene Work-Life-Balance. Keine Erholung, kein Feierabend, keine Zeit für sich allein.

In Prag ist Ramona für Branko am Bass eingesprungen, weil der unbedingt zum Grab Gottes fahren wollte, also zu dem von Karel Gott. Er hat den »Sinatra des Ostens« vor Jahren auf einer Schlagergala kennengelernt und irgendwie ins Herz geschlossen. Er stieg in einen Bus und kam nicht rechtzeitig zum Festivalgelände zurück. Jedenfalls hat der tote Gott nichts zu seiner Besserung beigetragen. Ramona hat ihn gut vertreten, sie kannte die Songs, hatte sie aber vorher nie gespielt. Mit einem Schwindelzettel am Boden und Schielen auf Hansis Finger war's kein Problem. Sind ja nur vier Saiten, ist ja nur Punkrock.

Branko kann mir nicht erzählen, dass er wegen Karel Gott eine Show sausen lässt. Ich habe ihn gefragt, ob er nicht einem anderen Phantom aus der Vergangenheit nachgejagt ist. Er hat nur kryptisch geantwortet: »Ich habe etwas gesucht, aber nicht gefunden.«

Der Hansi verbringt jede freie Minute in Cafés mit WLAN. Er arbeitet an neuen Projekten, telefoniert und recherchiert. Er trifft sich sogar mit Programmierern, für ihn wird der Trip immer mehr zu einer Geschäftsreise. Ramona schaut in ihr Smartphone. Die Verbundenheit, die ich in Ostrava so innig spürte, ist dahin.

Auf Tour sein heißt, Orte zu verfehlen. Jeder Stopp dient nur dem Transit, Verweilen ist nicht drin. Die meiste Zeit verbringt man auf der Straße, und vor Ort führt man routinierte Handgriffe aus, der Blick schweift umher, aber die Clubs und Gesichter gleichen sich. Der Ort, an dem man sich befindet, ist höchstens für die Ansagen relevant:

Hallo, XY!
Ihr seid viel geiler als die Leute gestern in XY!
Danke, XY, gute Nacht!

Diese flüchtige Verortung begründet eine Existenz in der Schwebe. Und das Schlimmste steht uns erst bevor: Zu Hause wird die Post-Tour-Depression über uns hereinbrechen, zurück im Alltag – falls es den noch gibt – werde ich noch weniger mit mir anzufangen wissen, orientierungslos auf Anweisungen des Tourmanagers und Gratisdrinks warten, die nie kommen. Wenn der Körper sich erst einmal an die Bewegung gewöhnt hat, ist Stillstand schwer erträglich. Am meisten fehlen wird die Aufmerksamkeit. Keiner da, der einem applaudiert, wenn man Staub gesaugt hat. Keine Bewunderung fürs Zähneputzen. Stattdessen ein Haufen Schmutzwäsche und dreckiges Geschirr.

Es ist mitten in der Nacht und ich bin dran mit Fahren. Ramona hockt am Beifahrersitz und hat die Aufgabe, den Fahrer pausenlos zu bequatschen, damit nicht alle sterben.

»Ich hab das vorher schon sehr romantisiert. Ich brauch keinen großen Komfort, weißt du, aber etwas Privatsphäre wär manchmal schon schön.«

»Das ist wie mit drei Kindern in einer Einzimmerwohnung. Irgendwer zuckt immer aus.«

»Wenigstens wechselt die Aussicht. Man kann sich halt nie zurückziehen, außer im Schlaf und im Lärm.«

»Lärm, der Trost der Einsamen.«

»Ist das von dir?«

»Nietzsche, glaub ich.«

»Der Lärm verbindet. Das ist der Sinn der Sache. Das Fahren und Warten und Auf- und Abbauen sind ja nur Mittel zum Zweck.«

»Die leider viel mehr Platz einnehmen als die Musik.«

»Das gehört nun mal dazu.«

»Ja, eh. Wenn die Tschesn nur schneller fahren würde.«

»Dann wär die Warterei wieder länger.«

»Oder wir hätten Zeit für Sightseeing.«

»Wir haben eh viel gesehen.«

»Wir haben fast nichts gesehen außer Autobahnen und Backstageklos.«

»Echt anstrengend! Aber ich will das unbedingt noch mal machen. Mit *meiner* Band.«

»Wenn ihr in Salzburg spielt, komm ich vorbei.«

»Wir brauchen eh noch einen Fahrer Schrägstrich Roadie.«

»Hahaha, ja genau.«

Ein Knall schreckt uns aus dem Gespräch. Der Motor qualmt, ich trete auf die Bremse. Wir geraten ins Schleudern. Fuck! Mein Herz klopft wie wild, Geschrei von der Rückbank. Alle sind hellwach. Der Motor macht komische Geräusche und stirbt dann ganz ab. Ich lenke den Van an den Straßenrand.

»Na Servas!«

»Was war das denn?«

»So ein Schas! Wenn uns jetzt noch ein Lkw hinten draufknallt, ist es vorbei mit uns.«

Wir streifen uns Warnwesten über und schieben den Van die Straße entlang und dann in eine Wiese. Günther zündet sich erst mal eine Tschick an, dann öffnet er die Motorhaube und verbrennt sich dabei die Finger. Der Motor raucht, Günther raucht auch und lässt sich auf den Boden fallen.

»Das war's, Ende Gelände. Dreckstschesn, gschissene!«

Branko hat sein Telefon schon am Ohr und ruft den Tourmanager an.

»Unser Van ist im Arsch!... Keine Chance, der wird nicht mehr... Scheiß drauf, für wie viele Personen der zugelassen ist, ich schick dir unseren Standort... Wir atmen euch schon nicht die Luft weg... Bis gleich!«

»Wir können bis Salzburg im Nightliner mitfahren.«

»Und was machen wir mit dem Van?«

»Den holen wir später ab. Also raus mit dem ganzen Zeug.«

Wir stapeln Gitarrenkoffer, Schlagzeugteile, Verstärker und Rucksäcke am Boden.

»Oida, was ist das eigentlich für eine fette Tasche?«, fragt Branko.

»Ich dachte, die gehört dir«, sagt Günther.

Er zieht den Reißverschluss auf. Drinnen sind ungefähr zehn Paar Sneaker. Alle schauen den Hansi an.

»Oida, bist deppert?«

»Ich hab extra nur die Besten eingepackt.«

»Die bleiben hier. Im Nightliner ist kein Platz für so ein Klumpert.«

Der Hansi setzt sich erst mal hin und atmet tief durch, als er ein neues Paar anzieht. Weiße Sneaker mit türkisschwarzem Muster.

»Die gibt's nur fünfzigmal auf der Welt«, flüstert er und hängt sich die Tasche über die Schulter.

Superschnaps war natürlich schon weiter als wir. Wir quetschen unser Zeug in den Anhänger, das wird eng. Johnny Obstler steht unter Strom. Abseits der Bühne trägt er Rollkragenpullover und spricht in gereiztem Tonfall, er ist stocknüchtern und ernst.

»Die Schlafsäcke lasst ihr gefälligst hier, wir wollen uns keine Krätze einfangen.«

»Haha, wir haben doch keine Krätze!«

»Du kratzt dich seit Tagen und euer Drummer auch, das fällt doch jedem Deppen auf. Oder lass es Läuse sein, keine Ahnung. Ihr setzt euch auf den Gang. Die Gitarren könnt ihr auf eins der Betten legen. Basta!«

Der Nightliner strotzt nur so vor Luxus. Ledersitze, edles Holz, Klimaanlage, Bildschirme. Die Musiker von *Superschnaps* ballern auf der Playstation, in der Kochnische stehen leere Champagnerflaschen.

Günther sagt, er muss noch mal zurück.

Ich steige mit ihm aus und nutze die Zeit für eine Zigarette.

Günther werkelt am Vorderreifen herum.

»Was machst du da?«

»Nichts, bin gleich bei euch.«

»Wir holen den Van morgen.«

»Den kann man nicht mehr retten, Oida.«

Er zieht eine Packung Streichhölzer aus der Tasche.

»Was hast du vor?«

»Abschleppen kann ich mir nicht leisten.«

»Lass den Scheiß!«

»Wir müssen die Milben töten! Du hast übrigens die Krätze. Ich auch. Wie vor zwanzig Jahren.«

Er setzt die Grillanzünder in Brand, die auf dem Reifen liegen.

»Na los, komm!«, sagt er.

Er entfernt sich mit schnellem Schritt, aber ohne zu laufen.

»Beeil dich!«

Ich stehe auf und folge ihm, ohne mich umzudrehen.

»Wir haben alles. Kann losgehen!«

Wir gehen ganz nach hinten. Der Hansi und Branko sitzen am Boden und Ramona hat es sich in einem Bett gemütlich gemacht. Der Nightliner setzt sich in Bewegung.

Ich schiebe den Vorhang zur Seite und sehe ein Leuchten in der Nacht.

LAGERFEUER

»Stopp!«

Der Hansi springt auf und schreit.

»Stopp! Umdrehen, sofort! Mein Laptop ist noch im Van!«

Weit sind wir nicht gekommen. Ich schaue Günther an, er blickt zu Boden.

»Den kannst du auch morgen holen«, winkt Johnny Obstler ab.

»Nein, jetzt! Da hab ich alle Daten meines neuen Start-ups drauf. Wenn der gestohlen wird, bin ich im Arsch.«

Günther gähnt. Johnny rollt mit den Augen.

»Komm schon, Johnny, das ist jetzt auch schon egal«, sagt Branko.

Johnny gibt dem Roadie, der am Steuer sitzt, ein Zeichen, und der wendet bei der nächsten Gelegenheit.

Wir sehen die Flammen schon von Weitem.

Als wir ankommen, ist auch die Feuerwehr da und löscht den Brand. Der Hansi läuft schreiend auf den Van zu und wird von zwei Feuerwehrmännern abgefangen. Er reißt sich los, aber sie schnappen ihn erneut und ringen ihn zu Boden. Der hintere Teil hat noch nicht ganz gebrannt, aber spätestens durch die Wassermassen ist sowieso nichts mehr zu retten. Für die Milben dürfte es auch gereicht haben. Das Wrack raucht wie hundert Nebelmaschinen, die Luft ist verdammt heiß und stickig.

Alle rennen durcheinander, versuchen, sich dem Van auf irgendeiner Seite zu nähern, kommen aber nicht weit. Günther mimt den Fassungslosen, er läuft im Kreis wie ein aufgeschrecktes Hendl. Erst als ich ihm einen bösen Blick zuwerfe, hält er sich etwas zurück. Ein deutscher Geschäftsmann – wahrscheinlich war er es, der die Feuerwehr gerufen hat – kommt auf uns zu und will uns vom Ort des Geschehens verscheuchen. Er fuchtelt wie wild mit den Händen und brüllt, wir sollen die Einsatzkräfte nicht behindern. Als wäre hier noch was zu retten! Er drängt Günther zurück und will ihn auf die Straße schieben. Günther holt aus und verpasst ihm einen rechten Haken ins Gesicht. Branko stürmt herbei und hält Günther zurück, bevor er noch mal auf den Deutschen einschlagen kann. Der macht keine Anstalten aufzugeben und startet einen neuerlichen Angriff. Jetzt gehe ich dazwischen, stemme mich mit aller Kraft gegen diesen sinnlosen Typen, die Luft glüht und mir bleibt die Luft weg. Hinter mir rangeln Günther und Branko miteinander, ich mühe mich mit dem Deutschen ab, und der Hansi ist immer noch im Abseits. Jetzt mischt sich auch noch die Feuerwehr ein. Kein Wunder, dass jetzt alles eskaliert. Irgendjemand stößt Ramona um, wir schlagen wild um uns, und als Johnny Obstler über den Feuerwehrschlauch stolpert, wird auch noch *Superschnaps* in den Tumult hineingezogen. Das Ganze fühlt sich an wie Pogo, nur dass dir keiner auf die Beine hilft, wenn du zu Boden gehst. Es ist sogar wahrscheinlich, dass dir jemand im Schutz der Dunkelheit einen Tritt in den Bauch oder ins Gesicht verpasst. Hier gibt es kein Mitleid. Es geht auch nicht um den Spaß an der Bewegung, es ist ein wildes Durcheinander, wie bei einem völlig aus dem Ruder gelaufenen Rave, ein Veitstanz der Gewalt. Der Hansi will den Konflikt entschärfen, indem er an unsere Vernunft appelliert, aber seine Worte stacheln uns nur weiter an. Ich schwitze, mehr als auf jeder Bühne. Keiner weiß, wer Feind ist und wer Freund, alle Bande reißen und es heißt jeder gegen jeden. Es geht ums nackte Überleben. Bis ein kalter Schwall über uns hereinbricht und uns zur Besinnung kommen lässt. Der Van ist längst gelöscht, jetzt rücken sie mit dem Schlauch dem menschlichen Flächenbrand zu Leibe. Ich lasse mich ins nasse Gras fallen und bin komplett außer Atem.

Jetzt stehen wir alle auf der Wiese: Branko, Günther und ich, der Hansi zwischen seinen Bewachern, die restlichen Feuerwehrler und ein paar Schaulustige, Ramona, *Superschnaps* und die Crew. Der Deutsche steht nicht, er hockt am Straßenrand und schluchzt. Sein Sakko und sein Hemd sind zerrissen. Er sucht etwas, keine Ahnung, ob seine Brille oder ausgeschlagene Zähne. Der Van ist schwarz verkohlt, nur noch ein Gerippe. Der Laptop steckte hinten im Fahrersitz, keine Chance, irgendetwas zu retten. Der Hansi brüllt Flüche in die Nacht. Ich lege einen Arm um ihn und rede ihm gut zu.

»Das mit dem Laptop hat sich wohl erledigt«, sagt Johnny und steigt in den Nightliner. Der Rest von *Superschnaps* folgt ihm.

Die Feuerwehrmänner sind komplett erschöpft, für sie ist der Einsatz erledigt.

Ramona steht zwischen Günther und Branko und muss tatsächlich weinen.

»Fuck, wie konnte das bloß passieren?«, fragt sie.

Günther zuckt mit den Schultern und blickt wehmütig auf die Trümmer.

Jetzt bleibt auch noch ein Polizeiauto stehen, ein weiteres Blaulicht in der Nacht.

»Immerhin sparen wir uns das Verschrotten«, sagt Branko und dreht sich zum Nightliner um. »Lasst uns nach Hause fahren.«

»Home is where the van is, Oida«, sagt Günther, als die Polizisten aus dem Auto steigen.

TACET

Die Scheinwerfer blenden, die Bühne ist eine Sauna. Hometown-Show. Keine Ahnung, wer aller da ist, ich erkenne die Gesichter nicht. Die Körper im Saal geben Wärme ab und schlucken Schall. Ich spüre die Erwartung, die kollektive Freude auf den Lärm. Noch trällert belanglose Popmusik aus den Boxen, aber bald werden wir einen Schalldruck von der Bühne blasen, der mit der Lautstärke eines Presslufthammers vergleichbar ist. Ich habe den ganzen Tag geschwiegen, um meine Stimme nicht unnötig zu belasten und mir alle Kraft für den Abend aufzusparen. Wir haben keinen Van mehr, aber wir haben die Musik. Auch wenn der Tag misslungen ist, nach Sonnenuntergang sind wir eine Einheit. Auch wenn gerade noch die Fetzen geflogen sind, auf der Bühne kanalisieren wir die Wut und machen das, was wir schon früher probiert haben. Wir kämpfen uns durch Songs und wagen den Versuch, dem Wahnsinn Sinn zu verleihen. Heute kann nichts schiefgehen, es gibt keine Drogen oder Frauen, die uns vom Wesentlichen abbringen. Es gibt nur uns, den Abgrund und die Leute auf der anderen Seite.

Günther zählt ein und ballert drauflos, seine Schläge klingen wie Maschinengewehrsalven. Dann kommt die Strophe, mein Mund nähert sich dem Mikro und: nichts! Nicht einmal ein Krächzen. Der Text kommt mir aus dem Publikum entgegen. Ich drücke fester an und muss husten. Ich bekomme keine Luft. Die Leute singen lauthals mit. Ich bin kurz vorm Weinen, mein Körper lässt mich im Stich, dieses alte Arschloch. Im Refrain steigen der

Hansi und Branko ein. Ich probiere erneut, den Schleim in mir drinnen loszuwerden, ziehe alles nach oben und als ich das Zeug in meinem Mund schmecke, muss ich mich übergeben, ich drehe mich gerade noch weg, um niemandem auf den Kopf zu speiben, erwische stattdessen die Monitorbox am Boden und dann bewegt sich diese ruckartig auf mich zu, alles kippt und sie trifft mich mitten im Gesicht.

Ich liege irgendwo backstage, ein Sanitäter redet mit mir. Ich deute auf meinen Mund und schüttle den Kopf.
»Hat er eine Kehlkopfentzündung?«, fragt der Hansi.
»Sieht mir eher nach den Stimmbändern aus. Die sind angerissen oder zumindest gezerrt. Und der Kreislauf. Die Flecken kommen mir auch komisch vor.«
Jetzt habe ich den Beweis: Ich bin nicht mehr zwanzig.
»Hat er seine Stimme in letzter Zeit überanstrengt?«, fragt der Sanitäter.
»Naja«, sagt Günther.
»Nicht mehr als sonst auch«, sagt der Hansi.
»Wochenlang rumgeschrien hat er halt«, sagt Branko.
»Ja«, sagt Ramona.
Sie wollen mich ins Krankenhaus bringen. Ich will was sagen, aber es hat keinen Sinn. Also sage ich nichts und lasse alles über mich ergehen.

Am nächsten Tag stehen sie versammelt vor meinem Bett. Günther in seiner Jeansjacke, der Hansi in brandneuen Sneakern, Branko mit einer Schlagermelodie auf den Lippen. Ich bin auf Schmerzmitteln und fühle mich rundum wohl. Sie stehen rum, und da ich nichts sage, reden sie. Die Tour ist vorbei. Der Hansi hat sein Projekt wieder aufgenommen, Branko arbeitet an einem Karel-Gott-Remix-Album. Günther wird bei Gabi einziehen, bis er einen neuen Van findet. Und was mache ich?

»Ich komm euch mal besuchen!«

Das will ich sagen, kann es aber nicht.

POP MORTEM

Distanzen sind dazu da, überwunden zu werden.
 Von hier nach da zu gelangen ist nur eine Frage der Zeit. Im Endeffekt ist *da* auch nicht viel anders als *hier*, aber während man die Entfernung verkürzt, erlebt man etwas, und genau darum geht's.
 Früher haben wir uns auf den Bahnen eines Untergrundnetzes bewegt, dessen Knoten Jugendzentren waren, Skateparks oder besetzte Häuser. Heute sind es einsame Inseln, die wir ansteuern, ausgehungerte Enklaven oder irrtümliche Anlegeplätze, an denen wir absolut nichts zu suchen haben. Tausend Tschick und Kilometer später stehen wir vor einem ausgebrannten Van. Was bleibt? Ein Herz, das etwas schneller schlägt, ein Tinnitus, der etwas lauter klingelt, Dreck unter den Fingernägeln und Milben unter der Haut. Außerdem die Zahlen auf dem Tacho, die überwundene Distanz. Plakate, auf denen unser Name fehlt, schwarz-weiße Flyer, die aussehen wie eine Fälschung. Gibt es Fotos? Ja, wir waren tatsächlich dort, können die Beweise einrahmen und in unsere Wohnzimmer, Stiegenhäuser, Hobbyräume hängen. Das Wichtigste hat sich in uns selbst eingebrannt. Auf der Bühne die Aufhebung des Raum-Zeit-Kontinuums, der Elan unserer Jugend greifbar nah, als hätte es die Lücke dazwischen nicht gegeben, all die Jahre übersprungen und gelöscht.

Ich stehe im Badezimmer meiner Wohnung und stopfe Schmutzwäsche in die Waschmaschine. Es ist Nachmittag, vielleicht Mittwoch, vielleicht Donnerstag. Im

Wohnzimmer liegt die Gitarre auf der Couch. Ich setze mich hin und klimpere herum. Ein Song von *Pop ist tot*, ich schlage die Saiten an, aber ich singe nicht mit. Ich breche ab und schaue aus dem Fenster. Es regnet. Selbst mitten im Sommer gibt es diese Tage, an denen sich die Wolken nicht lichten wollen, sie verwehren den Blick auf den Himmel, als hätten wir es nicht anders verdient. Im ganzen Land scheint die Sonne, aber hier über Salzburg hängt eine Wolke in der exakten Größe der Stadt und macht alles nass. Wie ein Schatten in der Luft, ein Spiegel unseres Gemüts.

Der Hansi ruft an. Meine Stimme ist noch immer angeschlagen, aber wenigstens kann ich wieder reden. Zum Singen reicht es noch nicht – ob und wann das wieder geht, wird sich zeigen. Er fragt, wie's mir geht, ich sage, gut, er fragt, ob ich mir sicher bin, ich sage, sicher bin ich mir sicher. Ihm geht's auch gut, und wenn er das sagt, dann ist das so. Er fragt, was ich jetzt vorhabe, und ich sage, dies und das. Deute ein paar Ideen an, Projekte, Jobs. Er imitiert Günther und sagt: »Die Straße ist das Paradies, Oida! Sei ein moderner Nomade und du bist glücklich, Oida!« Wir lachen und er lädt mich zu sich ein, in die Vorortvilla zu den Kindern und den Petits Fours. Ich soll die Badehose mitnehmen. Wir versichern uns, demnächst voneinander zu hören.

Die einen sind geboren, um zu rennen, die anderen, um dahinzutreiben. Die Songs werden die Welt nicht verändern, aber uns haben sie verändert. Günther hat ein Zuhause verloren, ein anderes in Brand gesteckt, hinter seinem Drumset aber ist er immer noch daheim. In der Musik haben wir unsere Heimat gefunden. Und wenn ich nicht mehr singen kann, dann werde ich eben röcheln. Der Drumbeat gibt den Takt des Herzschlags vor, der Bass eicht den Magen und die Gitarren schießen Endorphine ins Gehirn. Die Songtexte sind die Manifeste, die uns wachhalten, die Echos im Hinterkopf, wenn wir dabei sind, einen Arbeitsvertrag zu unterschreiben oder eine Pensionsversicherung abzuschließen. Trotz all dem Schlager, Rap und Pop da draußen bleibt uns der Punk erhalten.

Bleibt eine Konstante, offen, lebendig, unberechenbar.

EPILOG

Fernwehkrank starre ich in die weite, nach Smog und Freiheit duftende Nacht. Es ist Herbst. Ein Luftzug zieht übers Land, und hinter mir scheppern Bierdosen. Ich wende mich ein weiteres Stück der Dunkelheit zu, lasse den Blick über die Umrisse der Hügelketten am Horizont schweifen und schaue der schnurgeraden Straße nach, die sich in der Ferne verjüngt und mit der Krümmung der Erde unaufhaltsam biegt, bis sich in unvorstellbarer Entfernung Wellen am Strand brechen. Wenn man jung ist, wagt man noch zu träumen und bildet sich ein, dass an fremden Orten Menschen warten, einfach darauf warten, dass eine Handvoll Helden in einem Van daherkommt und der Klang ihrer Gitarren sie vom Hocker haut. Man stellt sich Bilder vor von großen Städten, Ideale einer fremden Welt, die nirgends so real sind wie im Schädel eines jungen Hitzkopfs, der nichts lieber will als einfach abhauen, den Kopf aus dem Fenster strecken, damit die Haare im Fahrtwind wehen, und mit 150 Sachen nach Norden, Osten, Süden, Westen brausen, auf dampfendem Asphalt, ganz egal, wohin. Und das Träumen hört nie auf.

Langsam wird mir kalt. Ich gehe zurück zum nigelnagelneuen Bus und setze mich hinters Steuer. Ramona am Beifahrersitz, hinten Anna und Conni, Carola verstaut noch was im Kofferraum. Die erste Tour von *Hystéra*. Eine Pinkelpause kurz vorm Morgengrauen. Ich blicke gedankenverloren ins Leere. Erinnerungen zucken durch meinen Kopf, verzerrte Bilder aus alten Zeiten. Ich sehe Günther, Branko und den Hansi, wilde Nächte voller Lärm und Liebe, all die Shows und Proben und Partys, aber ich fühle keine Nostalgie mehr, ich starre durch sie hindurch, durch sie und die Windschutzscheibe und die Herbstluft starre ich auf den Horizont, der über den letzten Ausläufern der Alpen blassrosa Wolken auftürmt. Ich starte den Motor. Dieses vertraute Geräusch schafft es immer wieder, mich mit Hoffnung zu erfüllen. Als ich in den dritten Gang schalte, spielen sie die ersten Takte eines alten *Clash*-Songs im Radio, der perfekte Soundtrack für diesen magischen Moment. Ramona reicht mir eine Coladose, die ich mit zwei Schlucken bis zur Hälfte leere, damit mir nicht die Augen zufallen. Bald werden die ersten Sonnenstrahlen die Landschaft fluten und die Spannung zur Explosion bringen. Von irgendwoher höre ich das Jaulen eines Hundes, der genau wie wir so früh am Morgen unterwegs ist, allein in dieser Welt, auf einer Reise ans Ende der Nacht. Ich drücke das Gaspedal durch, der Motor heult auf und treibt uns weiter voran, immer weiter durch die spröde Schwärze, die uns umgibt.

DANKE

Ich danke dem gesamten Team von Kremayr & Scheriau, insbesondere Paul Maercker und Stefanie Jaksch, sowie Tanja Raich.

Großer Dank gebührt Birgit Birnbacher und Uwe Böschemeyer für die freundschaftliche Unterstützung sowie Mikki Sixx und Klaus Hintersonnleitner für ihre Expertise.

Außerdem danke ich Bernhard Breidler und Jürgen Maurer für die Tourstorys, meinen aktuellen und früheren Bandkolleg*innen sowie allen, die mit mir die beste Musik feiern: Wolfgang Posch, Benedikt Emig und Andreas Posch, Andreas Hohlhut, Christian Koblinger und Lukas Kirchgasser, Astrid und Edith Sedmak, Dominik Meggeneder, Manuel Krabichler, Dominik Kronlachner, Simon Paulus, Martin Reiter, Alex Glitsch, Stefan Beham, Birgit Gruber und all den geilen Bands, damals und heute.

Und: Carina!

Literatur bei Kremayr & Scheriau

THOMAS MULITZER
TAU

Ein junger Mann reist in das berühmt-berüchtigte Gebirgsdorf Weng, Schauplatz des skandalträchtigen Anti-Heimatromans „Frost" von Thomas Bernhard. Ein Muss, nicht nur für „Bernhardianer"!

288 Seiten | 978-3-218-01080-1 | 22,90€

GERTRAUD KLEMM
HIPPOCAMPUS

Roadtrip trifft feministischen Aktionismus: ein furioser Roman gegen Vetternwirtschaft, Bigotterie und Sexismus. Durch und durch Klemm.

384 Seiten | 978-3-218-01177-8 | 22,90€

TONIO SCHACHINGER
NICHT WIE IHR

Ivo wusste immer schon, dass er besonders ist. Besonders cool, besonders talentiert, besonders attraktiv. Jetzt ist er einer der bestbezahlten Fußballer der Welt. Doch als seine Jugendliebe ins Spiel kommt, gerät alles ins Wanken. Rotzig, deep und fresh!

304 Seiten | ISBN 978-3-218-01153-2 | 22,90€

Die Arbeit an diesem Buch wurde durch ein Startstipendium des Bundeskanzleramts gefördert. Der Autor dankt für die Unterstützung.

www.kremayr-scheriau.at

ISBN 978-3-218-01281-2
Copyright © 2021 by Verlag Kremayr & Scheriau GmbH & Co. KG, Wien
Alle Rechte vorbehalten
Schutzumschlaggestaltung: Christine Fischer
Unter Verwendung dreier Grafiken von shutterstock.com:
sokolovski (1086953276); Freeda Michaux (1184065801); Dmitry Sergodeev (1024712260)
Lektorat: Paul Maercker
Satz und typografische Gestaltung: Ekke Wolf, typic.at
Druck und Bindung: Finidr, s.r.o., Czech Republic

Gedruckt mit freundlicher Unterstützung durch das Land Salzburg und die Stadt Salzburg.

LAND SALZBURG   STADT : SALZBURG

FSC
www.fsc.org
MIX
Papier aus verantwortungsvollen Quellen
FSC® C014138

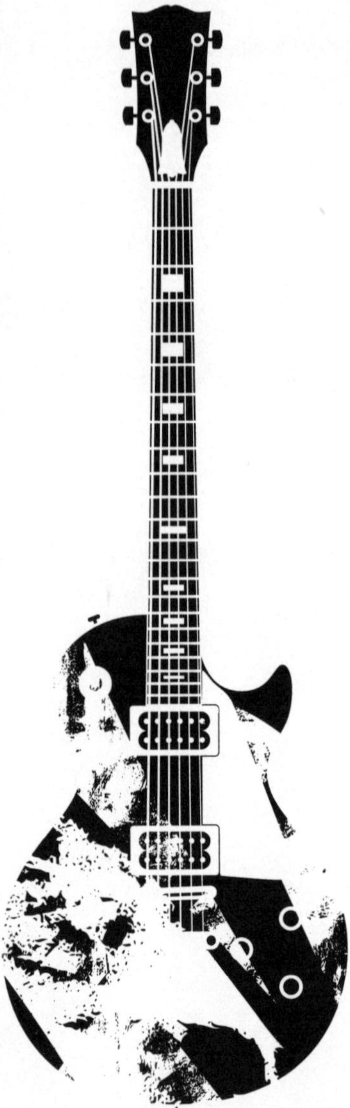